THE II
WORLD
WAR

『十二五』国家重点出版物出版规划项目

第二次世界大战战场丛书

钱乘旦　庞绍堂／主编

U0684037

陈谦平 张连红 张 生 ◎ 著

中国正面战场

华夏出版社

HUAXIA PUBLISHING HOUSE

图书在版编目（CIP）数据

中国正面战场 / 陈谦平，张连红，张生著 . —北京：华夏出版
社，2015.1（2020.6 重印）
（第二次世界大战战场丛书）
ISBN 978 - 7 - 5080 - 8223 - 3

Ⅰ.① 中… Ⅱ.① 陈… ②张… ③张… Ⅲ.① 抗日战争—
史料—中国 Ⅳ.① K265.06

中国版本图书馆 CIP 数据核字（2014）第 214440 号

中国正面战场

作 者 陈谦平 张连红 张 生
责任编辑 罗 庆

出版发行 **华夏出版社**
经 销 新华书店
印 刷 石家庄继文印刷有限公司
装 订 石家庄继文印刷有限公司
版 次 2015 年 1 月北京第 1 版
2020 年 6 月北京第 2 次印刷
开 本 670×970 1/16 开
印 张 16.75
字 数 186 千字
定 价 36.00 元

华夏出版社 地址：北京市东直门外香河园北里 4 号 邮编：100028
网址：www.hxph.com.cn 电话：（010）64663331（转）
若发现本版图书有印装质量问题，请与我社营销中心联系调换。

总　序

钱乘旦

　　二十年之前，《第二次世界大战战场丛书》全套八册在当时任职中国青年出版社的潘平先生的支持下撰写完成，并收入由中国青少年基金会发起的公益项目希望书库中，由中国青年出版社和中国少年儿童出版社出版印行，由中国青少年发展基金会作为希望小学的课外阅读书籍与贫困地区的小学生们见面了。二十年之后的今天，原稿经过修改和补充即将由华夏出版社出版，作为对第二次世界大战结束七十周年的一束纪念。

　　二十年前我为这套书写了一篇序，时至今日再看此文，其中的基本判断居然都没有过时。首先，世界又维持了二十年的和平，而这二十年确确实实是以和平与发展为主题的；但人们未曾料到，战后的发展主要是新兴国家的发展，世界力量的平衡由此发生变化，五百年的西方优势正一点点消退，非西方国家经历着群体的复兴。如何面对新的世界格局，关系到战争与和平的重大问题；只有对各国的发展都"乐见其成"，将其视为全人类的共同福音，才能对世界变化有正确的认识，而不致将人性中阴暗的一面付之于行动。

　　其次，苏联解体、两极世界瓦解后，这个世界不是更太平、而是更危险了，一个超级大国恣意妄为、随便改变现状的做法只使得这个世界狼烟四起，比任何时候都更接近于战争的边缘。和平维持了太长的时间，战争的记忆似乎已经遥远，年轻人只是在电脑游戏中接触战争场面，而那些游戏又确实把战争当成儿戏。这种时尚的"现代文化"隐藏着太多的隐患，人们需要尽早反思，不要让它泛滥成灾，而能够给人们带来真实的战争记忆、回想起第二次世界大战的巨大伤痛的，恰恰是真实地写出战争的历史，并永远记住它留下的历史教训。

第三，第二次世界大战是一场用正义战争打败非正义战争的大战，为打赢这场战争，世界人民付出了五千万人牺牲的代价，财产的损失不计其数。正气本应该长存，但出于偏见或意识形态，现在有些人却有意无意地抹杀二战的正义性质，混淆是非，把正义者说成邪恶，为邪恶者涂脂抹粉。人们对这场战争的记忆本来就在冲淡，而有意的歪曲和故意掩盖事实，无论出自何种动机，都只会助长邪恶。

作为"世界"大战，第二次世界大战在大半个地球激烈进行，其中一个主战场在中国。但长期以来英美话语控制了战争的诠释权，中国战场成了陪衬甚至消失在记忆中。我们这套书有意识地纠正了这种偏见，八册中有两册是专写中国战场的，一册写中国正面战场，另一册写中国敌后战场，两册合在一起，全面表现了波澜壮阔的中国抗日战争。二十年前还有人故意回避正面战场，今天我们都知道抗日战争是全中国人民的共同战争，是中华民族走向复兴的伟大胜利。中国抗日战争为世界反法西斯战争做出了重要贡献，这是永远不可忘记的。

所以说，二十年前的这些说法仍然有意义，因此在丛书正式出版时我将它全文刊出，作为全书的总序。

"希望书库" 版序言

钱乘旦　庞绍堂

第二次世界大战硝烟弭散，到现在已经五十年了。五十年前出生的那些人，如今也已经"知天命"，要年逾半百了。五十年来，尽管世界上狼烟未止，大大小小的战争始终不断，但全球性的大战总算没有打起来，出现了五十年难得的和平时期。五十年中，世界发展很快，物质生产的能力成倍增加，财富之增长居然破天荒第一次使居住在这个世界上的人不仅少数特殊人物可以享受优裕的生活，而且数量相当可观的普通人也能够分享其富裕了。许多地区已经习惯于和平与安宁，几代人都不知道战争是什么样；即使曾亲身经历过战争的人，战争也已成为遥远的过去。和平与发展是当代世界的主题，人们祈望着和平能世世代代维持下去，永无止境。

人们渴望和平，因为和平与幸福总是连在一起；人们痛恨战争，因为战争与苦难是同义语。很少有人不希望和平，而想要战争的；然而，战争又似乎是人类永远摆脱不掉的命运之阴云，笼罩着由希望之火点燃的历史之光。战争陪伴着人类的历史，乃至在官修的史书上，没有战争似乎就显示不出君王的伟大，没有征伐似乎就表现不了统治的英明。可悲的是，历史似乎也果真如此，还在我们的先民与巨野洪荒作斗争的时代，人类就被战争的梦魇时时纠缠，尽管豺狼虎豹凶狠地威胁着人类的生存，但人的不同族群之间却免不了要彼此厮杀，人的同类相斗充满了血腥气。文明降临之后，战争与历史一起进入文明，而且越来越自觉地利用文明的进步所造成的结果，从古希腊的青铜剑，到 20 世纪的激光导弹，哪一个历史阶段，不见证着武器的发展与完善，人类的多少智慧，被消耗在战争这门艺术上！当后人歌颂帝王的宏业、将军的伟绩时，似乎已经忘记了战争的残酷；有些人说，战争是文明发展的杠杆，没有战争，社会也就停止不前了。对此我们虽然不敢苟同，但同时又不得不承认：社会的发展有时的确需要战争来推动，比如：当新社会需要诞生、旧社会又不肯退去时，战争会帮助消灭旧社会；当邪恶势力张牙舞爪、剥夺千百万无辜人的生命与自由时，战争会帮助伸张正义，消灭邪恶；即使在并无正义与非正义之分，战争只是不开化人群的相互残杀或贪婪帝王们的争疆夺土时，它也会起到沟通文明、交流文化的作用，因为在工业化以前的时代里，地区间的联系极稀少，人们生活在封闭的地域里，很少有交流的机会，于是，战争作为一种残酷的沟通手段，居然也可以成为文明的载体！

但战争无论如何都是人性中丑陋一面的暴露。不管存在不存在正义的一方，战争都是由邪恶势力造成的。非正义的战争自不消说，它体现着统治者的贪婪、权欲和凶狠残暴；即使是正义的战争，也必然是在邪恶势力登峰造极、正义的力量不用战争作手段便不可铲除恶势力的前提下发生的。一场战争要么无正义与非正义可言，实际上双方都是非正义；要么一方是正义，另一方是非正义，于是战争首先由非正义一方挑起，正义一方为反抗、为生存，不得不奋起反击，拿起武器，向邪恶势力开战。

　　第二次世界大战就是一场典型的用正义战争打败非正义战争的大战，为打赢这场战争，全世界人民付出了五千万人牺牲的代价，战争的财产损失，估计达到四万亿美元。人类作出如此巨大的牺牲，仅仅是为了消灭人类历史上最邪恶的势力之———法西斯主义。痛定思痛，人们不禁会默然深思：难道一定要在热血和泪水中才能伸张永恒的正义吗？为什么不能在邪恶势力毒苗初露的时候就将它铲除，而一定要等它作恶多端、危害匪浅时才动员更大的人力和物力，去和它作本来可以轻易得多的斗争？第二次世界大战留给后人去深思的最深沉的，也许就是这个问题。

　　人类是不是还需要不断地经受战争的苦难？是不是只有用鲜血和生命才能捍卫真理和正义？也许正是带着这种迷茫，世界才走完了五十年艰难的和平历程。在纪念世界反法西斯战争胜利五十周年之际，我们却不可忘记：当上一次大战奠定的世界体系瓦解之后，我们这个世界又变得动荡不安了，两极控制世界的平衡状态已经被打破，新的战争根源有可能在混乱中产生。我们能否阻止新的战争？我们能否化解各种冲突？能不能在邪恶势力刚刚抬头的时候就遏止它、消灭它？这是摆在全世界人民面前的严峻考验。我们渴望和平，我们希望永远不再有战争，至少不再有全球性的世界大战。我们希望人类的理智已经成熟到这个程度，即人们将永远清醒地认识到：现代科学已经使人类具备了消灭自己的能力，世界的核武库可以把地球炸翻好几次。然而我们却不得不痛心地承认：战争曾一直与历史同在，我们不能保证人类的私欲永远不再助长邪恶势力的抬头，使之再次成为引发世界战争的根源。但即使如此，我们仍然深信：

正义会在战争中凯旋，因为人类在其本性中，天生就追求真理与正义！

第二次世界大战是波澜壮阔的，它高奏着振人心弦的英雄乐章，它为作家艺术家储藏了取之不尽的创作灵感，它为一代代后世人留下了长久永存的崇敬与深思，它为历史家提供了永不磨灭的史绩。然而，我们仍然希望它是人类历史上最后一次大战，铺设在人类脚下的，应该是永远的绿色和平之路。

让我们真诚地祝福和平永存。

1994 年 10 月于南京

"长此以往， 国将不国"

1931 年 9 月 18 日深夜 10 点 20 分左右，万籁俱寂，突然一声轰天巨响，震撼了寂静的沈阳城。紧接着，枪炮声大作，埋伏在南满火车站和旅馆附近的日本炮兵开始向驻守北大营的东北陆军独立第 7 旅猛烈轰击，在坦克掩护下的日本步兵亦从西、南、北三面发动进攻。这就是震惊世界的"九一八事变"。从此，日本发动的侵华战争将中国人民推入长达 14 年的战乱苦难之中，日本迈出了战争的第一步，而中国人民的局部抗日战争也揭开了序幕。

日本对中国领土垂涎已久，明治政府成立伊始，就把矛头指向了地大物博而又羸弱不堪的中国，东北地区则成为日本侵华的首要目标。甲午战争使中国将台湾与澎湖列岛割让给日本，并赔银 2 亿两，但在俄、德、法三国干涉之下，日本占领辽东半岛的企图却未能实现。1904—1905 年，日俄两国在中国领土上进行了长达 1 年零 7 个月的战争，以战胜国自居的日本趁机取代了沙俄在东北的支配地位，将辽东半岛和南满铁路划入其势力范围。第一次世界大战期间，日本乘机派兵占领了德国在山东的租借地——胶州湾，并逼迫袁世凯政府接受旨在灭亡中国的"二十一条"。战后，由于中国人民反帝民族运动的兴起，加之美国主导下华盛顿体系的约束，日本在华侵略活动表面上有所收敛。

以政友会总裁、陆军大将田中义一为首的军国主义分子不甘于币原的"协调外交"政策，田中于1927年4月就任日本内阁总理大臣后，积极推行公开干涉中国内政的强硬外交政策，把解决中国问题视为内阁的主要使命。他对张作霖的顾问町野武说：

> 这次我出来组阁，主要是想解决中国问题，亦即处理满洲问题。满洲是日本的生命线，如果保持满洲的现状，国内会有许多意见，我无法应付下去。……不过不得已时，恐怕会发生战争。

同年6月27日至7月7日，田中内阁在东京召开"东方会议"，会后发表的《对华政策纲领》宣称，"万一动乱波及满蒙，治安混乱，我国在该地区之特殊地位及权益有受侵害之虞时，不问来自何方，均予以防卫，并有不失时机地采取适当措施的思想准备，保护已成为中外人士安居、发展之地。""东方会议"的目的，在于阻止中国可能出现的统一局面，利用南北政府的对峙状态，尽快把满蒙从中国分裂出去，并为解决满蒙问题做好战争准备。

为了维护日本在华的既得利益，日本政府策划了一系列挑衅行动：

1927年5月至1928年5月间，数次派军队在山东登陆，并在济南制造了空前的大惨案：肆意炮击、枪杀中国军民6000余人，其中战地政务委员会外交主任兼山东交涉员蔡公时等 17 人遭受日军割鼻耳、挖眼舌的酷刑，壮烈殉国。

1928 年 6 月 4 日，关东军制造了皇姑屯事件，炸死了奉系军阀张作霖。日本最初的目的并不只是为了杀害张作霖个人，而是想在东北制造群龙无首的混乱局面，挑起大规模的武装冲突，最后由关东军来收拾残局，扶植傀儡政府，策划东北独立。

但由于张学良秘密迅速地返回沈阳，又对张作霖之死秘不发表，从而稳定了东北政局。张学良子承父位，主持东三省军政。他审时度势，不顾日本的威胁和利诱，摆脱日本的控制和亲日派的掣肘，于同年底毅然服从国民政府，走上了全国统一的道路。东北易帜，是张学良主政东北伊始对中华民族做出的一大贡献，它挫败了日本侵略集团妄图分割东北的阴谋。张学良易帜后，维护国家主权与民族权益，拒绝日本提出的许多无理要求，限制日本势力在东北的扩张，引起了日本的仇视。日驻奉天代理总领事森岛向日本政府报告说："张学良时代的对日态度，已从排日事件发展为对日攻势，并以铲除日本在满蒙的特殊地位为目标。"

从 1929 年起，日本开始了武装侵占中国东北的实际行动。关东军由作战参谋石原莞尔制定的《攻取奉天城计划》指出："不论在任何情况下都要在奉天集中兵力，攻取奉天城"，"要闪电般地消灭奉天附近军队，推翻其政权"。关东军高级参谋板垣征四郎认为："要根本解决满洲问题，除非加以占领，使之成为日本的领土，别无他途。"于是，经过关东军的精心策划，终于在 1931 年春拟定好了在柳条湖策动爆炸、为发动战争制造借口的侵略计划。下面且看日本为发动侵略所作的准备：

——日本军部将第 2 师团调往东北驻防，该师团士兵绝大多数来自日本北部高寒地区，适应东北地区的作战环境。

——关东军从日本秘密运送两门 24 厘米重炮到沈阳，安装在日军兵营中，炮口对准北大营和沈阳飞机场。

——从 8 月下旬起，驻朝鲜日军在图们江一带集结了两个师团，准备随时支援关东军。

——关东军司令官由本庄繁接任，他曾担任过张作霖的军事顾问和驻华武官，对东北军的情况了如指掌。

——中国通土肥原就任奉天特务机关长，他曾任张学良的顾问，同东北政界要人非常熟悉。

与此同时，中国政府却在实行"攘外必先安内"的政策，对日本在东北的行动置若罔闻：

1930 年爆发的蒋、阎、冯中原大战，导致张学良率东北军主力入关，严重削弱了东北边防。

1931 年石友三反张学良，东北军又调 4 个旅进关。至此，东北军三分之二的兵力（15 个步兵旅，2 个骑兵旅，3 个炮兵旅）驻扎在北平、天津地区，留在东北四省的仅有 9 个步兵旅、3 个骑兵旅，其中沈阳仅驻兵 1 个旅，戍边兵力严重不足。

中原大战结束后，蒋介石不是积极调兵北上，整顿东北边防，而是立即调兵南下，对江西的中国工农红军进行围剿。尤其是 1931 年 6 月，日本武装侵略东北的阴谋已暴露无遗时，仍置国家与民族利益于不顾，调集 30 万大军，向中央红军发动第三次围剿。

所以，当日本一手策划的万宝山事件和中村事件发生后，蒋多次指示张学良："无论日本军队此后如何在东北寻衅，我应予不抵抗，力避冲突。"命令张学良"万勿逞一朝之愤，置国家民族于不顾"，"凡遇到日军进攻，一律不准抵抗"。在蒋介石的影响之下，张学良向东北军下达了不抵抗命令，日军更加肆无忌惮，终于发动事变，酿成了大灾祸。

前面的那声轰隆巨响，正是日军将南满铁路柳条湖村附近一段路轨炸毁时所发出的爆炸声响，日军谎称"暴戾的中国军队……破坏南满铁路，袭击我守备队"，将事变的责任强加到中国方面。早已埋伏在北大营附近的南满铁路独立守备第二大队 500 余人，听到爆炸声后，立即向北大营发动攻击，独立守备第五大队也由铁岭赶赴北大营附近实施增援；关东军步兵第 29 联队则向沈阳城进攻。

北大营驻军为东北军步兵第 7 旅 7000 余人，该旅装备精良，军纪较严，是东北军主力之一，旅长王以哲是张学良手下一名悍将。按理说以一旅之众，对付日军一个守备大队，当是小菜一碟，但由于不抵抗命令的影响，该旅官兵疏于防范，斗志消沉，丧失了对日军的警惕性。事变当晚，旅长和三个团长均不在军营里；东北防边军参谋长荣臻正在家中大宴宾客，为其父祝寿；而北大营士兵听到类似地雷的爆炸声时，都以为日军又在演习，未加警觉。直到西北方枪声大作，日军重炮弹落在营房内外爆炸时，才意识到遭受袭击，但为时已晚，西北角已被川岛中队 100 余人占领，许多士兵还在睡梦中便已丧命。

然而，荣臻在接到第 7 旅参谋长赵镇藩的电话时，竟下令"不准抵抗，不准动，把枪放到库房里，挺着死"，并称这是命令，必须照办。王以哲也从城里打来电话，命令所部"对进入营房的日军，任何人不准开枪还击，谁惹事，谁负责。"

第 620 团团长王铁汉在事变发生后立即赴团部组织士兵抵抗，他不顾荣臻"不准抵抗"的命令，下令还击，暂时遏制住了日军的攻势，为全旅撤出北大营赢得了时间。9 月 19 日凌晨 5 时 30 分，北大营沦陷，日军一个大队，在 7 个小时内，仅以死亡 2 人的代价，便攻克了由 7000 余人驻守的东北军兵营，杀死杀伤中国官兵 335人，这不能不说是一场历史的悲剧，是不抵抗政策所造成的恶果。

在步 29 联队进攻沈阳城的同时，第 2 师团长多门中将率步兵第15 旅团由辽阳开往沈阳，并于 19 日中午以前，占领了沈阳全城以及辽宁省政府、东北的政、军、经各部门以及东大营、兵工厂、迫击炮厂、航空处等单位。一夜之间，东北军的 262 架飞机、3091 门火炮、26 辆战车、11.82 万支枪和 5864 挺机关枪都完好无损地落入日军手中。更令人吃惊的是，日军在这一大规模的军事行动中，除了攻占北大营外，竟无一人伤亡。

19 日凌晨，驻长春的日军也向东北军驻守的南岭兵营和宽城子兵营发动攻击。尽管吉林驻军参谋长熙洽命令所部"急速撤走，不准抵抗"，但驻军还是自发地进行还击和抵抗，一直激战到上午 11时左右才突出重围，使日军付出了死 68 人、伤 131 人的沉重代价。

在袭击和侵占沈阳、长春的同时，关东军抽调一部分兵力沿南满铁路推进，由于已接到不抵抗的命令，当地驻军或闻风撤退，或缴械投降，使得日军一枪未放，便占领了安东、营口、凤城、瓦房店、大石桥、海城、鞍山、辽阳、铁岭、开原、四平街、公主岭等城镇。

9 月 21 日，日军又向吉林省会吉林市进犯，吉林省代主席熙洽开门揖盗，表示无条件投降。

1931年9月19日，日军攻占沈阳城

日军原打算直接攻占黑龙江，但因担心苏联出面干涉，便收买了降日的洮辽镇守使张海鹏北犯齐齐哈尔，但张部伪军在嫩江桥被黑龙江省代主席马占山指挥守军打得大败。日军恼羞成怒，于11月4日出动三个步兵大队及伪军4000余人，在飞机、装甲车和重炮掩护下对江桥施行猛攻。马军激战两天，打退日军两次进攻，击毙日伪军167人，伤敌600余人。

8日，日方提出马占山下野、黑龙江省权力交与张海鹏等要求，为马占山严词拒绝。10日，马占山发表宣言抨击日寇侵犯黑龙江的罪恶行径，并表达了誓死抗敌的决心：

> ……我将士拼死抵抗，不为所屈，碧血横流，再接再厉。……是役也，我军因无防空军器，致官兵伤亡五六百名之多。虽然，士气仍未稍馁，依然振奋异常。现在冰天雪地，防御横暴，不惟当地各界共见共闻，即各友邦人士亦所目睹。诚恐日方颠倒责任，欺人自欺，并以举国同胞，殷殷企注，此次日军侵入北满之事实，与其宣言大相反背，爰将经过本末情形宣告中外，以明真相，而定是非。占山等守土有责，爱国心同，早知沙塞孤军，难抗强日，顾以存亡所系，公理攸关，岂能不与周旋，坐以待毙？援田横五百之义，本少康一旅之诚，谨先我同胞而赴国难焉。

在南京政府不抵抗政策下，马占山抗命不遵，面对强敌，奋起反抗，并给日军以重创，受到全国人民的赞誉和支持。《申报》称赞马占山"以一旅之众，首赴国难"，"为国家保疆土，为民族争光荣",实为"将吏之楷模","民族之表率"。所以,马占山是抗拒不抵抗命令,率领东北军士兵反击日本侵略的第一位高级将领。18日,日军第2师团主力发起猛攻,中国守军伤亡严重马占山部遂于19日退出齐齐哈尔,但他领导江桥抗战的英雄业绩,在中国人民抗日战争的历史中是不朽的。

日军在侵占齐齐哈尔后,又调头进攻锦州。10月8日日军出动11架飞机对锦州狂轰滥炸;12月底又向东北增派2个师团、2个混成旅团共约4万余人,而当时锦州东北军仅有3个旅,不足3万人。

在日军大兵压境的情况下,张学良于12月25、26、28日连续致电国民政府,请求中央派遣援军,补充粮饷及武器弹药。但正如负责守卫锦州的荣臻所指出的那样:"中央不拨一分粮饷,不发一枪一弹,只在发命抗敌,显然徒令东北军牺牲,故置东北军于死地。"在此情况下,张学良下令撤出锦州,1932年1月3日,日军兵不血刃,侵占了锦州城。

1月27日,本庄繁借口4名日本人被杀,下令进攻哈尔滨。2月5日,哈尔滨沦入敌手。至此,东北三省完全沦于日军铁蹄的践踏之下。

当关东军在黑龙江攻城略地,屠杀中国军民之时,日军驻上海副武官田中隆吉少佐又策划了一系列反华事件,为日本侵略者挑起更大的战端制造借口:

日本侨民在上海不断集会,要求日本政府"断然膺惩暴戾的中国";

1月18日,川岛芳子收买流氓殴伤日本莲宗和尚5人,嫁祸于中国政府;

1月20日，日侨数千人向日驻沪总领事馆和海军陆战队请愿，并在闸北捣毁中国商店，打死打伤中国警察3人；

日本宪兵还指挥日本暴徒纵火焚烧杨树浦的三友实业社总厂；

日本驻沪总领事村井向上海市政府提出道歉、惩凶、赔偿和解散抗日团体的要求；

日驻长江的第一遣外舰队兵力骤增，已达30余艘军舰、40架飞机、数十辆铁甲车和1800名海军陆战队队员。

显然，日本蓄意要在上海制造事端。尽管上海市市长吴铁城被迫接受了日本的四项要求，但日本又提出了更苛刻的条件，要求中国军队撤出闸北，由日本海军陆战队驻守。在尚未得到中国答复之时，日军3个大队便在野炮和装甲车的掩护下，向闸北第19路军第78师发动进攻。由于有了东北的"经验"，日军认定中国不会抵抗，第一舰队司令官盐泽幸一口出狂言："一旦发生战事，四小时即可了事"。岂知在蔡廷锴的指挥下，第78师官兵奋勇杀敌，将这股日军几乎悉数全歼。日军调集巡洋舰3艘、驱逐舰4艘、航空母舰2艘及士兵5000余人增援，31日再兴攻势，结果仍遭败绩，盐泽亦被撤职。中国前线指挥官翁照垣旅长写道：

我军士兵初次看见日本侵略军，一个个眼睛都红了。想到这是侮辱我们的国家，欺凌我们四万万同胞的敌人，现在又来屠杀我们，占领我们的土地，大家忍不住愤怒高喊："杀哟！杀哟！……"卟卟卟卟……一阵机枪扫射之后，眼看敌人仓皇失措，随后一个个倒了下去……

铁甲车在突然停下片刻之后，又冲过来了！五十码、三十

在"一·二八事变"中，由于日军遭到中国军队顽强抗击，日军被迫增援上海。图为抵达上海的日本援军

码，……一排手榴弹雨点一般地飞出去，一阵巨响震耳欲聋，一团烟尘飞腾起来。铁甲车这时转了头。惊慌失措的敌人，争先恐后，抱头鼠窜。卜卜卜……，我军的机枪又活跃起来。刹那间，在阵地前面，敌尸骸枕藉。

……同日军初次的交战，使我们发现："我们的士兵不可思议的勇敢，而敌人却出乎意料的怯懦！"……奋勇杀敌、慷慨牺牲的英雄事例不胜枚举。

2月2日，日本内阁决定派遣陆军第9师团和第24混成旅团赴沪增援，并于2月16日再度易将，由植田师团长接替了野村中将的日军统帅之职。日军援军已增至3万人。为了支援第19路军作战，蒋介石将由德国顾问训练的第87、88师和教导总队组成第5军，由张治中任军长，并命这支中央军精锐部队火速开赴上海，以第19路军名义投入战斗。

日军20日开始进行的总攻再度受挫，其中第9师团在庙行遭到第5军第88师和第19路军第61师夹击，伤亡惨重。同时，日海军旗舰"出云"号亦被第19路军敢死队潜水员炸伤。张治中形容道："庙行镇战斗的激烈，为开战以来所未有，中外报纸一致认为是沪战中我军战绩的最高峰……这是日军在沪第一次总攻的失败，敌第9师团及久留米混成旅团的精锐，伤亡重大，庙行、江湾间敌尸到处都是。"

2月24日，日军决定组成上海派遣军，增派第11、第14师团和100架飞机来沪，由前陆相白川义则大将担任统帅，使上海日军增至六七万人。从25日开始，日空军连续轰炸了5天。3月1日，日军在闸北、江湾、庙行同时发动进攻。同时，第 11 师团利用浏河方面中国兵力单薄的弱点，在七丫口等地强行登陆，攻占浏河，使中国军队侧、后背均受严重威胁，加之又无援军，不得已退出上海。5 月 5 日，在英驻华公使蓝普森斡旋下，中日双方签订了《淞沪停战协定》，日军亦从 5 月 6 日起被迫撤军。

当淞沪战事紧张进行时，日本军界就在东北采取何种统治手法而争论不休，最后排除了少壮派军人将东北划入日本版图的意见，决定成立受日本控制的傀儡政权。在被中国人咒骂为"土匪原"的日军奉天特务机关长土肥原贤二的策划下，溥仪于 11 月 11 日秘密逃往旅大。1932 年 3 月 19 日，他在新京（长春）粉墨登场，就任"满洲国"执政。翌年 3 月又改称为"满洲帝国"皇帝，年号康德。

从东北沦陷之日起，东北人民就进行了英勇的抗日斗争，其中尤以东北义勇军的马占山、苏炳文、冯占海、丁超、李杜、王德林、唐聚五、邓铁梅和抗日联军的杨靖宇、王德泰、赵尚志、李延禄、周保中等抗日武装声势浩大。他们战斗在白山黑水之间，对日本在东北的殖民统治构成了严重威胁。

日本在侵占东北三省、扶植了伪满洲国之后，又将侵略魔爪伸向毗邻东北的热河及长城要塞。1933 年 1 月 1 日夜，日军秦榆守备队挑起战端。次日，日第 8 师团调集了八个中队向山海关（榆关）进攻，而中国守军仅有何柱国部两个营。3 日，榆关沦陷，守军安德馨全营 300 余人力战殉国。日军攻下山海关后，并未倾军南下，而是调集重兵准备进攻热河。

热河不仅是东北的最后一块可以抵御日军的基地，也是华北的门户，南京国民政府制定了保卫冀热平津的作战计划，将华北各部队编成华北集团军，以张学良为总司令，下辖于学忠、商震、宋哲元、万福麟、汤玉麟、张作相、傅作义、杨杰等8个军团。

2月21日，日军第6、第8师团、第14混成旅团等部以及伪军10万余人由通辽、锦州、绥中兵分三路进攻热河。热河虽有守军20万人，但将领各存异己之心，部队系统庞杂，士气不振。省主席汤玉麟贪生怕死，心存贰意，在承德弃甲曳兵，扣留大批军用汽车装载私人财物运往天津租界，接着自己逃往察哈尔。所部崔兴武旅暗中通敌，董福亭旅不战而败，致使日军长驱直入，仅用128名士兵便攻占了承德城。战事不到一个月，热河19.2万平方公里土地便完全断送。

热河的丢失，在全国再度引起轩然大波，舆论的矛头，大多指向张学良和汤玉麟。监察院里群情激奋，委员们纷纷弹劾张学良抗日不力，失地误国；汤玉麟背职潜逃，失地千里；并要求对张、汤予以严惩。不过，也有不少学人将热河的丢失，归之于国民政府的软弱。胡适、丁文江、翁文灏于3月3日就致电蒋介石，声称"热河危急，决非汉卿（张学良）所能支持。不战再失一省，对内对外，中央必难逃责。非公（蒋介石）即飞来挽救，政府将无自解于天下"。3月8日，国民政府下令通缉汤玉麟。3月10日，张学良通电辞职。

日军占领热河之后，更不把中国军队放在眼里，竟乘机向长城各口隘发动进攻。而中国军队则试图依赖这古老的防御工事来阻止日军攻入华北，保住平津，乃将原守长城各口的东北军撤下来，而以傅作义部守独石口，徐庭瑶第17军进驻古北口，宋哲元部扼守喜峰口。

热河战役中驻守在罗文峪的第29军大刀队

宋哲元部三个师奉命由察哈尔调来时，正赶上东北军万福麟部自喜峰口南退，此时日军服部旅团已占领喜峰口外各高地。宋军接防阵地后，于当日（3月11日）夜派出两个旅兵力向口外日军发动袭击，敢死队乘黑摸上高地，用大刀砍杀日军，使日军陷于混乱之中，死伤不计其数。天亮后，日军集中空军和炮兵，向喜峰口猛扑，阵地工事全被炸塌，但第29军官兵依旧坚守阵地。在罗文峪，刘汝明师亦在数千日军的攻击下，死守阵地，并派兵一部抄敌后方，使之伤亡惨重。宋哲元将军在向记者报告喜峰口战况时说：

> 中国为一四万万人之国家，今日竟受一几千万之国压迫，此真是令人痛心。敌人对我国领土用蚕食政策……我人忍无可忍，只好用兵抵御，人人都存与敌一拼之决心。……兄弟曾谕全部士兵，为保存中华民族精神，尽军人捍卫国家、保护人民之责任，大家都须在前方作一个牺牲者，而不必在后方作一个成功者。故全军都抱必死之心，以肉躯热血御敌人之飞机大炮，终于令敌人吃相当之大亏。

第29军在喜峰口、罗文峪的抗战，是九一八以来中国军队同关东军的第一次交锋，也是关东军在北方战场首次遭遇的重大败绩，日军伤亡在3000人以上，以致日本舆论哀叹"皇军名誉"扫地，遭受了"六十年来未有之侮辱"。

防守古北口的原为东北军王以哲部，但当中央军关麟征师赶往接防时，该口已被日军占领。关麟征带伤指挥，组织部队反攻，激战两天，伤亡过半，被迫退守南天门。后来，黄杰、刘戡两个师又

长城抗战中驻防在喜峰口附近的国民革命军

轮番上阵，经过一个多月的浴血奋战，直至南天门高地全部化为焦土，黄杰师才退出。黄杰形容日军"炮弹密如雨点，烟火弥漫，尘沙蔽天，五昼夜未稍终止"，"左翼八道楼子一地，着弹 3000 余发，工事尽被摧毁，骨肉悉为灰烬……惨烈情状令人痛愤！"

长城抗日的最后一场恶战是傅作义将军指挥第 59 军进行的。5月 23 日拂晓，正是北平政务委员会委员长黄郛同日军商议停战，日军强迫中国代表接受城下之盟的日子，日军铃木旅团和川原旅团在飞机、坦克和重炮的掩护下，向怀柔傅作义部发起全面进攻，傅军官兵凭借坚固的防御工事，沉着应战，始终坚守着阵地。"我军虽无必胜之念，而人人具必死之心：有全连被敌炮和飞机集中炸死五分之四，而阵地屹然未动的；有袒臂跳出战壕肉搏杀敌的；有携带十几个手榴弹，伏在外壕里一人独力杀敌几十的。"这场战斗从凌晨 4时一直打到晚上 7 时，"1000 多个中国健儿用他们的血洗去了那天城下之盟的部分耻辱。"怀柔之战，傅军伤亡 850 余人，日军伤亡近千人，是对趾高气扬的日本侵略军又一次沉重的打击。胡适为树立在呼和浩特的"华北第 59 军抗日阵亡将士纪念碑"撰写了这样的铭文：

这里长眠的是三百六十七个中国好男子！他们把他们的生命献给了他们的祖国！我们和我们的子孙来这里凭吊敬礼的，要想想我们应该用什么报答他们的血！

长城抗战，中国共动员了 28 个步兵师，5 个骑兵师，4 个骑兵旅，6 个炮兵旅参战。中国军队以低劣的武器和血肉之躯同日军的飞机、坦克和重炮作殊死搏斗，伤亡数万人。

但国民政府慑于日本的军事压力和政治恫吓，急于同日本政府妥协，早在4月11日便命令商震和宋哲元两部放弃冷口和喜峰口，何柱国师也撤到滦河西岸。5月上旬，蒋介石认为"中央军在古北口方面无单独反攻驱敌出口之实力……如此长此纠缠不清，甚或惹起全线战事之再发"，下令第17军从古北口、南天门一线退往密云，但日军乘机跟进，连占密云、平谷、蓟县、宝坻、唐山等冀东22个县，进逼平津。

南京决定停战。5月24日，蒋介石指示黄郛在北平同日本谈判，并指出"事已至此，委曲求全原非得已，中正自当负责"。不过，国民政府为谈判代表做出了协定不形诸文字的规定。蒋介石电告黄郛：

> 惟弟始终不信倭寇有休战诚意，尤在威胁吾人使之自动撤退，俾其垂手而得北平也。至于协定一节，总须避免文字方式，以免将来引以为例，其端由吾人而开也。否则万不得已，最多亦不可超过去年淞沪之协定，绝不能涉及伪国事实之承认以及东四省之割让与界限问题，故其内容及字句必须加意审慎。

但同国民政府的愿望相反，谈判的结果，中国代表不仅必须签署文字协定，而且这份协定还完全是由日本人提出来的。吴相湘先生在《第二次中日战争史》一书中这样描述了塘沽谈判中日本人不可一世的蛮横态度：

> （5月）31日上午九时半，中日停战谈判举行第二次会议，

日军代表首先提出印刷的停战协定草案，冈村宁次并说明：这是关东军的最后案，一字不容变更，中国代表应在一小时半以内（午前 11 时以前）作"允诺"或"不同意"的答复。

熊斌披阅，发现"纯属有关军事条文"。他就提出一个书面声明：双方撤兵以后，中间地区万一有匪徒破坏交通和秩序，如果不加镇压，实在危险，应有中国军队进驻作必要的处置，希望日本不要误会！冈村表示：停战协定案，中国只有"诺"或"否"的答复，一切声明必须等待停战案签字以后再行商议。双方相持到十时五十分，距离日军的最后时限只有十分钟，中国代表只有在一字不容修改的情势下签订了停战协定。

《塘沽停战协定》共计五条，要求中国军队撤至延庆、昌平、高丽营、顺义、通州、香河、宝坻、林亭口、宁河、芦台所连线以西以南之地区，今后亦不许越过此线；日本飞机可随时飞入这一地区检查中国军队对第一项要求的执行情况，中国方面应对日机加以保护，提供便利；只有日本确认中国军队业已遵守了第一项规定时，才停止越线追击，将军队撤归长城之线；该停战区域内的治安由中国警察机关任之，但上述警察机关不可用刺激日本感情之武力团体。除此之外，日本还提出四项希望条件，其中包括撤离平津附近约 40 个师的中国军队，拆除军事设施，彻底取缔排日等。

《塘沽停战协定》使中国失去了河北十九县及两个设治区的完全治权。在划出的宽达 60 余公里的停战区内，中国军队又不能进驻，警察必须仰承日人鼻息行事，完全丧失了主权。故外国记者称该协定为"授给日本侵略华北之特许状"。从此，华北的政局更是雪上加霜。

日本的侵略并未因《塘沽停战协定》的签订而中断。《协定》墨迹未干，日军就发动了对察哈尔的进攻。6月1日，日机对独石口实施狂轰滥炸，4日又攻占了宝昌、康保，企图夺取张北，直趋张家口，察省局势一片混乱。当时，察哈尔地区散集的各种部队总计不下十余万人，其中大部分为东北和热河退下来的抗日部队，他们不甘投敌，又对国民政府的不抵抗政策不满。在吉鸿昌、方振武等旧部的支持下，冯玉祥投袂而起，毅然决定率领这些军队抗战。他说："我既然住在这里，决不能当俘虏，更不能当逃兵，我们必须立即拿起枪来，实行抗战。"经费不足，他们就变卖了家财充作军费，购买枪支弹药。察哈尔民众抗日同盟军终于成立了，冯玉祥任总司令，佟麟阁、吉鸿昌、高树勋分任第一、二、三军军长。从6月22日，同盟军挥戈北上，10天之内连克康保、宝昌和沽源，并逼近察北重镇多伦。

多伦地处热、察边区，是日军攻掠察、绥两省的战略据点，由茂木骑兵第四旅团3000余人把守，外围阵地部署着伪军数千人。7月7日，吉鸿昌指挥同盟军向多伦发起了总攻。由于日军有飞机、大炮和坦克等重兵器助战，攻击从当天夜里开始，经过一夜激战，攻克了敌人两道战壕。天明后，日军的重武器发挥了作用，使同盟军伤亡惨重，但吉鸿昌、邓文、李忠义等亲临前线指挥，战至9日黎明，已将城外日军据点大部占领。连续几夜的攻坚战，均因敌人火力凶猛而未能获得战果，敢死队员在多伦城下留下了几百具尸体。吉鸿昌派副官带几十名士兵，化装成伪军混入城内。当12日总攻开始时，城内的抗日勇士高呼"同盟军进城了"，并四处放枪，导致日伪军人心涣散，向城外溃逃，同盟军乘势由南、西、北三门冲入城内，经过几个小时的巷战，日军残部终于放弃固守，沦陷了 72 天的多伦，重新回到中国军队手中。同盟军还在张家口成立了收复东北四省计划委员会，准备乘胜北进，收复东北失土。

同盟军的胜利使要求抗日的中国人大为振奋，但却遭受了来自南京中央政府和日本关东军的双重压力。国民政府要求冯玉祥"勿擅立各种军政名义，致使察省脱离中央，妨害统一政令"；"勿妨害中央边防计划"；"勿滥收散军土匪"；"勿引用共匪头目"，压迫其取消同盟军，并派遣 16 个师约 20 万兵力包围张家口。日本关东军一面向南京政府施加压力，一面调集日伪军 2 万余人反攻多伦。同盟军内部亦发生分化，在此情况下，冯玉祥乃于 8 月 4 日通电辞去抗日同盟军总司令。所部有的被收编，有的自行解散，而战功卓著的吉鸿昌、方振武部则继续抗日，最后在昌平、大小汤山一线被宋哲元、商震等部击败。

二

中国准备抗战

《塘沽停战协定》只是暂时缓和了日军武装侵略华北的步伐。从1934年底开始，日本又开始到处挑衅，企图在华北制造一个在日本控制下的同伪满洲国有密切关系的特殊地区，并使之同中国相脱离。从下面一系列事件中，可以看出华北局势险恶，处于风雨飘摇之中。

（1）察东事件

从1934年起，热河省丰宁县的伪军不断到察哈尔的沽源掠夺，导致当地驻军与日伪军不断发生冲突。1935年1月15日，驻守乌尼河和长梁等村落的第29军所部同伪满自卫团又发生冲突，40余名伪军被缴械。关东军声称第29军侵犯了"满洲国"国境，命令谷寿夫旅团开往热察交界地区。23日，谷寿夫命部队发动进攻，宋哲元部刘自珍旅被迫撤到长城以南的独石口地区。24日，日军增兵千余人，多伦的日伪军也在准备军事行动。独石口、沽源均遭日机轰炸，中国军民死伤40余人。

何应钦唯恐中日军队的直接冲突引发日军对华北的大举进攻，除了命宋哲元军撤往长城以内，避免冲突外，还派员同日方接洽谈判。1 月 30 日和 2 月 2 日，中日双方代表在北平和热河的大滩（谷寿夫旅团驻地）举行会谈，达成口头协议。日方提出的要求骄横狂悖，充满了恐吓和侮辱的词句，其中包括"中国誓不以兵力侵入满洲国境，或对满洲国威胁并立誓严禁刺激日本之行为"，否则，"日本将采取断然自主之行动"（包括占领沽源、独石口和张家口）。中国收缴伪满民团的武器，"应由沽源县长于 2 月 7 日以前全数送到南园子交给日军"。而中国代表却对冲突事件表示遗憾，并准时由沽源县长将收缴的热河民团枪支弹药如数奉还。日军步步进逼，将沽源县所属的南围子、小厂子、石头城子、乌泥河、北石柱子、长梁、仁合堡等地按日本军官名字改称，分别叫作谷围子（谷寿夫旅团长）、永见堡（永见俊德联队长）、石井堡、林田堡、松田堡（皆日军队长）、岩仲堡（岩仲参谋）、松井堡（日驻张垣特务机关长松井），并划入热河管辖。

（2）河北事件与《何梅协定》

1935 年 5 月 3 日，天津《大公报》发表特讯：

> 日租界北洋饭店十六号，前晚发生狙击案，国权报社长胡恩溥身中四枪身死……昨日清晨，日租界义德里二十二号振报社长白逾桓亦被人枪杀。该两报因首脑人遭难，均行停刊。

白逾桓是伪满洲国中央通讯社记者，在天津创办《振报》，他和《国权报》社长胡恩溥都接受日本军方津贴，发表亲日卖国言行，其罪当诛。不过，据战后公布的资料和日天津驻屯军参谋石井的交代，白氏却是被关东军和天津驻屯军参谋长酒井隆指使日租界内的青帮分子暗杀的。日方嫁祸于人，显然是要借机挑起事端。

同年5月中旬，热河的抗日救国军孙永勤部退入关内，并要求遵化县县长给予弹药接济，已遭拒绝。但日方却指责遵化县县长庇护孙永勤部，并要派军进入停战区剿灭孙军。

天津的日本军官当面斥骂河北省主席于学忠、天津市市长张廷谔等人，甚至扬言要逮捕于、张两人，换回所谓"杀人凶手"。于学忠在日人的威逼之下，竟将省政府迁往保定，表现出怯懦的心理。

5月29日，酒井隆等人到北平访晤何应钦，口头提出了四项十一款质问，声称平津现为扰乱日本和满洲国的根据地；天津的胡、白被杀事件同中国官方有关；中国官方委任和接济义勇军；蒋委员长对日采取二重政策，即对日本阳表亲善，暗中仍作抗日准备；于学忠是扰乱日满行为的执行人，迁往保定也于事无补，必须将之撤职；南京政府驻河北的党、政、宪、特机构和军队必须撤走。

南京政府屈从于日本人的要求，先后将于学忠、蒋孝先（宪兵第三团长）、曾扩情（政训处长）、张廷谔（天津市长）等人免职，派张厚琬代理河北省主席、王克敏任天津市长、商震任天津警备司令；北平军分会政训处取消，宪兵三团离平南下，驻天津的第51军亦南调。但日本军方仍步步进逼，6月9日，酒井往访何应钦，出示了由梅津美治郎签署的备忘录。11日，日驻华武官辅佐官高桥又送给何应钦一份内容相同的觉书，要何应钦签字。该觉书内容除了重申罢免于学忠、蒋孝先、曾扩情；撤去宪兵第三团、第51军、中央军第2、第25师；撤退河北省内的国民党党部、励志社、政训处以及解散蓝衣社、复兴社等秘密组织外，又增添了新的要求：（1）与日方所约定之条款应于所规定时间内完全履行。有再度渗入之嫌疑或有妨害中日关系之事、人物或组织不得重新进入（河北）；（2）日本希望中国任命省市等职员时，应选择不致妨害中日关系之人物；（3）对于约定事项之履行，日方得采取监视及纠察手段。

不过，对这份备忘录，何应钦因怕承担"卖国"的罪名，未敢签字，并且借故离开北平。后来由北平军分会办公厅主任鲍文樾以何应钦的名义致函天津驻屯军司令官梅津，表示对"酒井参谋长所提各事项，均承诺之，并自主的期其遂行"。

这就是日本强加给中国的所谓的"何梅协定"，国民政府完全丧失了在河北的主权。

（3）张北事件与《秦土协定》

河北事件尚未平息，关东军又借发生在张北的中国官兵检查日本军官护照事件向察哈尔的宋哲元军提出最后通牒。事件经过如下：

一九三五年五月卅一日，阿巴嘎旗日本特务机关员大月桂等四人，乘汽车，自多伦经张北赴张家口。六月五日，车抵张北县北门，守卫兵索取护照，该日人等以一九三四年十月第一次张北事件中，宋哲元已允此后日人过境不需护照为辞，坚欲通过，卫兵出刃拦阻，排长旋一面将该四日人引至军法处候讯，并予酒食，一面向张家口以长途电话转向北平请示。宋哲元命放行，声明下不为例。此四人抵张家口后，张垣日领桥本及松井中佐以日本军官曾受中国卫兵恐吓，要求：（1）惩办直接负责人；（2）29军军长亲自道歉；（3）保证将来不再发生同类事件。于六月十一日向29军副军长秦德纯提出，限五日答复，否则日军自由行动！

日本关东军将领决心乘此事件逼宋哲元向日方谢罪，逼 29 军撤退到长城之西南，逼南京政府解散驻察省的排日机关（国民党党部、宪兵队、蓝衣社等）。为使日本人失去交涉对象，国民政府于 6 月 19 日免去宋哲元察哈尔省主席职务，由第 29 军副军长秦德纯代理。

6 月 23 日晚，关东军特务机关长土肥原贤二、高桥坦等在北平秦德纯家中举行谈判，土肥原提出的要求中除原先内容外，又增加了中国承认日满在内蒙古的工作并援助之；协助日本（在华北）发展经济与开发交通；便利日本人在内蒙古旅行；招聘日本人为军事和政治顾问；协助日本建立军事设备等新的事项。

关东军原限中方须在两周内完成交涉，不过，秦德纯在 4 天之后便往访高桥坦，以严肃态度表示歉意，并以文书正式受诺。秦土协定成立后，守备张北的第 132 师团长和军法处长均被撤职查办，国民党党部从察省撤退，反日组织和活动在察省受到禁止，第 29 军军部和两个师都从察省撤出，调往河北，所遗防区，由张允荣（汉）和卓特巴扎普（蒙古）两支保安队约 4000 人维持治安。但日军却不信任汉人保安队，8 月 5 日，松井又压迫张允荣签订了"张松协定"，约定汉人居民区的治安也由蒙古保安队维持。继任察省主席张自忠认为察东各县没有一个蒙古居民区，便否认了"张松协定"。12 月 8 日，李守信伪蒙军 3000 余人在日军官指挥下，向汉人保安队发动进攻，宝昌、沽源、张北、康保、化德、商都六县全部失陷。这样，察哈尔十之七八的领土都落入日人之手。

（4）日本策动华北脱离中国

日本军人策动华北五省脱离中国的计划在 1935 年 4 月间就开始实行了。请看日关东军化德特务机关长田中隆吉的证词：

　　1935 年 4 月间，我是关东军的参谋，负责所有关于自治运动的电讯工作。自治运动的主张，是由关东军司令南次郎和华北日军派遣军司令梅津在这个时候决定的。这个运动的目的，是在内蒙和内蒙以外的华北地区制造自治政权。在内蒙树立自治政权的用意，是要在这个地区建立一个"独立"的国家；在华北是要使这五省脱离南京政府，建立一个在日本领导下同"满洲国"有密切关系的特殊区域，从而削弱南京政府对这个区域的影响和消除对"满洲国"的威胁。（远东军事法庭证据第3317A 号）

　　关东军分离华北的三个步骤是：第一，迫使国民党与中央军退出，使华北政权流入真空；第二，选择傀儡对象，实行由日本军人操纵的自治；第三，全面压迫南京政府，使其不得不承认日本在华北五省的指导地位。由于所谓何梅协定和秦土协定的出现，关东军的第一步骤实际已完成。而第二、三步骤的工作则同时开展。

　　1935 年 6 月 27 日深夜 11 时，北平丰台火车站突然枪声大作，数百名武装暴徒占据了火车站，并夺去装甲火车一辆，向北平城里开去。原来这是吴佩孚的旧部白坚武在日本军人支持下，乘着中央军队、机关南撤，人民惶惶不安之际，企图乱中夺权，发表"反蒋倒党"宣言，组织自治政府。不过，这些乌合之众很快就被商震和万福麟的军队击溃，白坚武等人弃车逃走，但在被逮捕的叛乱分子中，发现了 15 名日本浪人，其中 4 人是退役军官。

　　同年 10 月中旬，在日本浪人的唆使下，汉奸武宜亭等在河北香河县组织了"国民自救会"，并于 20 日纠众请愿，要县长交出政权。21 日又麇集变民两三千人冲击县城，为县保卫团所制止。22 日，日本宪兵数十人强行进城，武装暴徒乘机蜂拥入城，占领县政府，殴伤县公安局长，成立县政临时维持会，宣布"自治"。23 日，变民又殴伤前来解决事变的省府专员，打死其随员 2 人。当河北省主席商震决定派兵前去镇压叛乱时，日军方竟出面阻挡。

11 月 11 日，土肥原向宋哲元提出了一个所谓"华北高度自治方案"，要求成立以宋哲元为首领、土肥原为总顾问的"华北共同防赤委员会"，奉行东洋主义，亲日反共，在政治、经济上均脱离南京国民政府。土肥原限宋哲元在 20 日以前必须宣布自治，否则日军将夺取河北和山东。与此同时，关东军一个独立混成旅团集中在山海关和古北口，日海军的巡洋舰和驱逐舰亦开抵大沽口，向宋哲元施加军事压力。

11 月 25 日，在土肥原策动下，河北省蓟密区行政督察专员殷汝耕在通县组织了"冀东防共自治委员会"，殷自任委员长，并通电脱离中央，宣布自治。

11 月 30 日，何应钦再次北上，经过同 29 军将领的多次商议，并经日本军部同意，决定采取折中方案，设立冀察政务委员会，以宋哲元任委员长。该委员会的 17 名委员中，汉奸亲日派占 7 名，宋哲元派亦有 6 名，实际受日本的操纵和影响。所以冀察两省和平津两市已形成变相自治。

日本的步步进逼和南京国民政府的步步退让使中国人民忍无可忍。文化界、教育界、商界、工人、农民、学生，甚至政府官员和军队官兵都感到，中国没有退路了：天下兴亡，匹夫有责。

北京大学校长蒋梦麟、清华大学校长梅贻琦、北平大学校长徐诵明、燕京大学校长陆志韦以及李蒸、傅斯年、任鸿隽、胡适、蒋廷黻等20余人发表宣言，"坚决的反对一切脱离中央和组织特殊政治机构的阴谋举动"，"要求政府用全国力量，维持国家的领土及行政的完整"。

北平文化界救国会呼吁国人"只有起来抵抗，是民族的生路，也是我们的责任"。

以北平学生的一二九大示威为标志，中国的抗日救亡运动达到了高潮，它也促使国民政府准备抗敌救国。

从本意上来讲，南京政府对日本的妥协与退让是为了延缓日本侵略中国的步伐，赢得时间来进行抗战的准备工作。华北的危机使国民党政府感到日本军人发动全面的侵华战争已迫在眉睫，也暗中加强国防力量与经济建设，以增强抵御日本的国力。

中国是一个经济不发达、工业落后的弱国，尤其是化学、钢铁、机械、光学等工业的薄弱使得中国几乎没有生产诸如飞机、舰艇、坦克以及各种重武器的能力，甚至连步枪和子弹都不能完全自给。英、美等西方列强由于对日采取绥靖政策，不敢在军事、经济、财政等方面援助中国，使之在日本的侵略面前处于被动挨打的境地。

国民政府将求援的目光转向德国。自1928年以来，蒋介石一直聘请着许多德国退役军官担任国民政府的军事顾问。这批德国顾问帮助南京政府训练军队，购买军火，参与剿共战争，也指挥过一二八淞沪抗战与长城抗战。不过，当时的这些合作只是民间性质的，德国政府不敢卷入。但希特勒上台后，加速了整军备战的步伐，在战略原材料缺乏的情况下，中国所蕴藏的钨、锑等矿砂和农副产品对德国政府和军方产生了巨大吸引力，中德以易货贸易为基础的合作秘密地开始，且规模越来越大。在德国政府的默许下，德国国防军和工业界从 1935 年开始大规模援助中国。

在国防建设方面，整编军队、扩充装备是核心工作。南京政府依靠德国顾问和装备，整编了几十万军队，其中第 5 军、第 17 军、教导总队和税警总队等配备全套德式武器，配有重炮、坦克，可与最精锐的日军抗衡。抗战前夕，在德国的帮助下，中国军队的武器装备、兵员素质、战斗能力均大大提高。德国武器也源源输入中国，除了飞机、重炮、战车外，连潜水艇也出现在中国的订单上。此外，以南京为中心的国防工事也已完成，特别是南京、淞沪外围，吴福、锡澄、乍浦——嘉兴、豫北、豫东等地的国防工事全是现代化的钢筋水泥构造，十分坚固。沿江沿海的要塞阵地、炮台也得到加强，配备了射程远、火力猛的重炮与高射炮。德国军方和工业界还帮助中国发展自己的军事工业，旧式的上海、南京、巩县、武汉、太原兵工厂被改造一新，机关枪、步枪、迫击炮以及弹药的生产已自给有余，且武器性能也大大提高，并能生产少量的榴弹炮、重炮、高射炮、战防炮。1937 年，在奥托·沃尔夫公司、法本化学公司和奔驰公司的援助下，又在湖南等地筹建新的炮厂、弹药厂、炮弹厂和军用汽车装配厂。

国民政府对日作战的战略构想也已形成。1937 年初，军事委员会在拟定的一份作战计划中，已对中日战争爆发后可能形成的三个战场做出了较正确的判断，并有了相应的部署。华北地区的日军攻击方向"当为黄河迤北，由古北口——山海关，经北平——天津，沿平汉——津浦两路向郑州、济南——徐州前进，期将我主力歼灭"，然后突入晋察绥，向太原前进，包围山西"；第二处战场为长江三角洲地区，日军将以"有力部队在本方面登陆，协同海军作战"；第三处则为华南沿海的福建——厦门——广东汕头之线，日军有占领这些地区的企图。基于上述构想，军委会将全国划分成山东、冀察、河南、晋绥、徐海、江浙和闽粤7个战区；陕甘宁青、湘鄂赣皖、川康、滇黔和广西5个警备区。

关于贮备战略物资以适应战争爆发的工作也卓有成效。及至卢沟桥事变发生，南京政府已在南京、蚌埠、信阳、华阴、南昌和武昌设立军需总库6所，储备弹药2亿发，可供20个师用3个月；汽油550万加仑；战时医院30所，可容纳8万伤病员。

在经济建设方面，南京政府则进行了全面规划，并在金融、交通、矿业等方面取得了显著进步。隶属于参谋本部的国防设计委员会是一个调查设计机关，该委员会延揽了政界、军界、教育界、文化界、工商界知名人士近百人，蒋介石自任委员长，翁文灏任秘书长。该会调查研究的范围包括军事、国防、文化、经济及财政、原料及制造、运输及交通、人口土地及粮食、专门人才等8个部分，其中在工矿业、交通、粮食、财政、专门人才等方面做出了贡献。当1935年4月该会改名为资源委员会后，在开发中国矿业资源、发展重工业方面建树甚大。钨、锑是生产军用合金钢的重要原料，资委会从1936年起，成立钨业和锑业管理处，使钨、锑砂全部由国家控制，实行出口，换回了大量外国贷款与军、民用机械。1936年同德国签订的信用借款合同，钨砂便充当了重要角色，使中国得以在外汇最缺乏的时刻，能够购买德国军火、兵工厂设备、铁路器材、汽车发动机、钢厂及化工厂设备。

　　资源委员会制定的重工业发展三年计划，以国防需要和经济自给为目标，从冶金、燃料、化学、机械、电器五个方面入手，给中国落后的经济注入了新的活力。1936年筹办的有中央钢铁厂、茶陵铁矿、江西钨铁厂、彭县铜矿、阳新大冶铜矿、中央机器制造厂、中国汽车制造公司、中央电工器材厂、中央无线电机制造厂、中央电瓷制造厂、高坑煤矿；1937年创办的有中央炼铜厂、湘潭煤矿、天河煤矿、四川油矿、灵乡铁矿、重庆炼铜厂、水口山铅锌矿、云南锡矿、四川金矿、青海金矿等。其中德国的合步楼、奥托·沃尔夫公司、克虏伯公司、西门子公司、法本化学公司、奔驰公司、美国的普拉特——惠特尼公司、亚克屈勒电子管公司、英国的绝缘电缆公司、开伦德电缆公司、亨利制造公司等在资金与技术设备上给予了重要的支持。

　　交通运输在战时具有重要的战略地位，无论是开发资源、建设工厂、还是运送军队，均须有四通八达的铁道。从1935年开始，南京国民政府从德国、英国、法国等国银行团筹借了大量贷款，用以完善铁路网。1935年，南京国民政府从京沪铁路的苏州站修建一条长约72.4公里的铁路，通到沪杭铁路的嘉兴站，翌年7月完工。该铁路的建成可不经过上海就把京沪国防阵地和沪杭甬国防阵地连成一片，在淞沪抗战时发挥了极大的功效。1936年5月，株洲至乐昌铁路的接轨通车是中国铁路史上一件具有划时代意义的大事，粤汉、平汉铁路从此连成一线。该铁路的经济、军事价值之重大，实在是有目共睹的。上海战事爆发后，中国从国外购买的军火、器材、工业设备全部由该路运往前线，中国用于出口的农矿产品也由该路输出。广西、广东、云南、四川、贵州等省的抗日部队亦由该路迅速运往华北与东南前线。1937 年 7 月，陇海铁路从西安向宝鸡延伸了 170.5 公里；同年 9 月，浙赣铁路玉山至萍乡接轨通车。这两条铁路对西北和东南地区的军事运输发挥了积极作用，具有较大的国防与经济价值。此外，在山西、河南、江苏、安徽、江西、浙江等省，1200 余公里的铁路也告完工。

公路建设也有一定成就，至 1937 年 7 月，中国公路网已基本形成，计有京闽桂、京黔滇、京川藏、京陕新、京绥、京鲁、冀汴粤、绥川粤、闽湘川、鲁晋宁、浙粤、闽赣、甘川、陕鄂、川滇等干线 21 条，公路总里程已达 11 万公里，其中近 5 万公里路面铺设了柏油或石子。它对于抗战初期中国能在较短时间内集结兵力起了重要作用。

此外，国民政府于 1937 年 2 月提出了耗资 15 亿元的交通建设五年计划，并着手修筑成渝、湘黔、京赣、宝成、广梅、浦襄、贵梅、贵昆、三梧等铁路干线，只因战争的爆发而被迫中断。

1935 年 11 月南京政府进行的币制改革，统一全国货币，废两改元，禁止白银外流，其结果扭转了中外贸易逆差，促进了国内经济的发展。货币的统一，又使过去支离破碎的各省经济发生了密切联系，增加了国家的财政收入，为抗日战争奠定了物质基础。

中国政府对日外交也逐渐强硬。

1935 年 11 月，蒋介石在国民党五全大会上发表了著名的"最后关头"演说："和平未到绝望时期，决不放弃和平；牺牲未到最后关头，亦决不轻言牺牲。"翌年 7 月，他在国民党五届二中全会上，又进一步说明了"最后关头"的限度：

中央对于外交所抱的最低限度就是保持领土主权的完整。任何国家要来侵害我们的领土主权，我们绝对不能容忍。我们绝对不订立任何侵害我们领土主权的协定，并绝对不容忍任何侵害我们领土主权的事实。

再说明白些：假如有人强迫我们签订承认伪（满洲）国等损害领土主权的时候，就是我们不能容忍的时候，就是我们最后牺牲的时候。……其次，从去年十一月全国代表大会以后，我们遇有领土主权被人侵害，如果用尽政治外交方法而仍不能排除这个侵略，就是要危害到我们国家民族之根本的生存，这就是为我们不能容忍的时候。到这时候，我们一定作最后之牺牲。

日军在华北的步步进逼，使中国民众的反日情绪达到了沸点。人民忍无可忍了：8月24日，成都民众捣毁了日人大川饭店等公司、商号，殴毙日侨两人；9月3日，广东北海一名日侨也被殴打致死；9月19日，汉口的日本警察被人枪杀。日本政府借题发挥，驻华大使川樾茂乘机向中国外长张群提出了七项严苛的要求：（1）创立缓冲区域，包含冀鲁察晋绥五省，实行高度自治；（2）仿照华北经济提携方式，在中国全境进行中日经济合作；（3）订立共同防共协定；（4）建立中日间的航空线；（5）中国中央政府聘请日本顾问；（6）订立特别优待日本货物的关税协定；（7）完全压制排日宣传。

张群认为这是无理要求，针锋相对地提出五条对案：（1）废止塘沽停战协定；（2）取消冀东伪组织；（3）停止包庇走私；（4）华北日军及日机不得任意行动及飞行；（5）在察东与绥北剿匪。张群强调指出，这五项问题是目前中日纠纷的症结所在，若不解决，中日邦交无由调整。会谈一度中断，10 天后重新举行。川、张会谈前后进行了七次，始终未能达成协议。就在此时，日本人指使伪蒙军侵犯绥远，中国便中止了谈判。傅作义将军指挥所部痛歼入侵之敌，大振了国威。

　　秦土协定以后，日本人控制了整个察哈尔，但其野心不死，得察望绥，又企图占领绥远，实现其满蒙政策。在日本关东军扶持下，"蒙古军政府"于 1936 年 5 月 2 日在嘉卜寺（原化德）成立，由蒙奸德王任总司令兼总裁。日本向伪蒙政府提供了大量武器，组织了 2 个军的防共自治军。早在同年 7 月底 8 月初，李守信、王英等伪蒙军就由察北向绥东作了试探性进攻，但均未得逞。11 月初，日本特务机关长田中隆吉在嘉卜寺主持了侵绥军事会议，参加人员除了德王外，还有李守信、王英、卓什海、张海鹏等，部署的进犯绥远计划为：王英的"大汉义军"为前锋，直犯陶林红格尔图；伪蒙第 1 军李守信部从正面进攻兴和；德王率第 2 军由百灵庙出动；三路得手后，分路进犯归绥（呼和浩特），一举攻占绥远。为支援伪蒙军，日关东军从热河调来一个混成旅团进驻张北、康保一带，以为后盾。

　　傅作义侦悉日伪的侵犯计划后，当晚召开营长以上军官秘密会议，商讨抗敌对策，由第 218 旅旅长董其武、第 211 旅旅长孙兰峰率部分头迎敌。此时的绥远正值冬季，冰天雪地，傅作义命令战士们披上白布，利用雪地进行伪装，使日军侦察机无法发现我军的行踪。

　　11 月 12 日，三架日机在红格尔图上空盘旋，落下的炸弹，将这座不大的村镇炸得人仰马翻。红格尔图是由察哈尔西部进入绥远的

绥远抗战中的中国炮兵

必经之路，具有重要军事价值，当时防守该镇的仅有彭毓斌骑兵第1师的两个骑兵连，董其武旅一个步兵连。而王英的伪蒙军却有两个骑兵旅、一个步兵旅共约5000余人，并配备野炮、装甲车等重兵器。在敌军猛烈的炮火面前，守军在当地自卫队支援下，深沟高垒，奋勇抵抗。城内的居民收集土火药自制地雷，夜间偷埋在阵地前，炸死许多敌军。15日，骑一师又增派两个连加强红格尔图防御。

傅作义在红格尔图战斗打响后，即派彭毓斌、董其武率三团步兵、一团骑兵、一营炮兵驰援。但傅作义命令所部不要加入正面防御战，而是出其不意，抄袭敌军指挥部，并以迅雷不及掩耳的方式快速运兵。18日夜，部队全部抵达红格尔图南面的丹岱沟、苏木一带。19日凌晨2时，董其武下达攻击令，晋绥军分别向红格尔图东北的打拉村、土城子、七股地、二台子一线的日伪军包围袭击，打得敌人措手不及。战至拂晓，敌军向西北溃退。从敌军指挥部所在地的土城子里，冲出7辆汽车，拼命向东突围，车中坐的就是日军指挥官田中隆吉和伪蒙军长王英等人，可惜未能将他们截住生擒。与此同时，红格尔图守军也全线出击，至19日晨七时，敌军全线溃败，退入察哈尔境内。

红格尔图战役后，日伪深恐傅军乘胜追击，捣毁伪蒙政权，除派王英、德王两部在大庙、百灵庙构筑防御阵地外，还拟抽调日、满军队3个师由赤峰、多伦增援百灵庙，然后西出河套，南犯归绥，此外，又向伪蒙军增派日军官200余人充任指导官。

百灵庙是绥远乌兰察布盟草原上一座大庙，地势险要，南通归绥、包头，东连察哈尔，西达西宁、新疆，北与外蒙接壤，为确保绥远，必须收复百灵庙。傅作义针对日伪军的行动，决定在日伪军未完成部署前，机智快速，先发制人，再次采取远距离奔袭战，出敌不意，将百灵庙收复，拔除日伪军在绥远的战略据点。傅作义令骑兵第2师师长孙长胜和第211旅旅长孙兰峰为正副总指挥，分率3个骑兵团、3个步兵团和1个炮兵营向百灵庙以南地区集结。与此同时，中央军精锐部队汤恩伯第13军换用了晋绥军的番号，秘密地由大同开出关外，驻守在平绥线的要隘集宁等地，以为应援。

11月23日由黄昏到深夜，在通往百灵庙的各条大路上，晋绥军全体官兵个个斗志昂扬，情绪高涨，虽然气温在零下20℃以下，积雪没膝，又是全副武装，行进特别吃力，但各部队均于当夜12时前到达预定位置。由于傅军行动极为秘密，日伪军竟毫无察觉，及至24日零时我军攻击开始，枪声大震，日伪军方从梦中惊醒，慌乱进入阵地，仓促抵抗。日特务机关长胜岛角芳拔出战刀亲自指挥督战。日伪军凭借火力上的优势，扼制住了晋绥军攻势。孙兰峰旅长决心在拂晓前全歼敌军，收复百灵庙，乃调集了山炮和装甲车支援步兵攻坚战。他在回忆录中写道：

> 我军在步、炮、装甲车各兵种密切协同下，向敌发起拂晓总攻。山炮十二门同时发射，苏鲁通小炮八门，用破甲弹向女儿山敌之轻重机枪掩体行直接瞄准射击，掩护装甲兵及步兵攻击，短时间内，敌阵地为我猛烈炮火摧毁。我装甲车及步兵，由东南山公路向敌猛烈冲击，不意正进行中，最前面的装甲车驾驶兵被敌弹击中身亡，第二辆装甲车被敌用手榴弹炸毁，驾驶兵受伤，这个受伤的驾驶员，冒弹爬进第一辆装甲车，开足马力向敌猛冲。继而我汽车六辆满载步兵也由最大的土山口冲

入。敌不支纷向庙内败退。……我骑兵团攻占北山，控制了敌之飞机场，将敌军后路切断。敌遂惊惶失措，无心再守。

与此同时，伪蒙军一排官兵战场起义，调转枪口向日本指挥官射击。胜岛和伪蒙军师长穆克登宝见大势已去，乃乘数辆汽车从庙内冲出，向东北方夺路而逃。伪蒙军群龙无首，纷纷向傅军投降，至24日上午8时，傅作义部队全歼日伪军，收复了百灵庙。这场战役共击毙日伪军300余人（其中有日本人尸体20余具），伤敌600余人，俘敌400余人；缴获步枪600余枝，炮9门以及大量军需用品。傅作义军仅伤亡300余人。

日本侵略者为挽回败局，除了连日来用飞机轰炸集宁、百灵庙等地外，又纠集军队实施反攻。12月2日晚，胜岛和伪蒙军副司令雷中田率日伪军约4000余人乘车由大庙（锡拉木楞庙）抵达百灵庙附近，然后反穿羊皮衣，利用雪地和夜色作掩护，偷偷向晋绥军阵地摸来。孙兰峰一面命令部队御敌，一面也派出一支部队反穿皮衣，扮作羊群，绕到敌后，夹击敌人。战斗从11月3日清晨打响，激战了3个多小时，伪蒙军再度溃败，被歼500余人，雷中田被当场击毙。

12月8、9日，王英部金宪章、石玉山两旅长先后率10个团反正，将日军指导官小滨大佐等20余人全部处死。9日夜，傅作义下令收复大庙，彻底肃清大青山以北日伪军残部。日伪部队如惊弓之鸟，一触即溃。10日，李思温步兵团进驻大庙，德王嫡系部队穆克登宝第7师悉数被歼，王英部旅长安华亭、团长王子修也率部反正。

绥远抗战的胜利，使全国人心振奋，万众欢腾。人民从傅作义将军及其晋绥军首挫敌锋的战斗中看到了抗日战争的曙光。

不过，由于蒋介石想借声援绥远抗战之机，乘势督促东北军和西北军进攻陕北红军，激起张学良、杨虎城率所部实行"兵谏"，拘捕了蒋介石及其中央大员。"西安事变"的和平解决，却给全民族抗日局面的形成带来了契机。1937 年 2 月的国民党五届三中全会，基本实现了内、外政策的转变，它标志着国共合作的抗日民族统一战线初步形成。

针对全中国形成的抗日局面，日本军方决心挑起全面侵华战争。因为他们觉得中国中央政府实力日渐扩大，整军备战，构筑国防工事，发展工业和交通，将会由抗日走向驱日的道路，阻碍其大陆政策的执行。日本决心不惜任何手段，确固以华北为基础的亲日满地带，甚至对南京政府采取措施。继 2 月 20 日日本外务省制定《第三次处理华北纲要》后，4 月 16 日又召开外务、大藏、陆军、海军四相会议，重新确认了以川越张群会谈所提七项要求为目标的华北政策和对华政策。6 月，关东军参谋长东条英机扬言，"如果我们武力许可，则应首先对南京政府加以一击"。驻屯华北的日军剑拔弩张，寻衅挑战，华北上空笼罩着黑色的战云。

第29军士兵在平津地区依据战壕抵抗日军的进攻

三

鲜血抛洒在卢沟桥上

> 卢沟桥，卢沟桥，男儿坟墓在此桥！最后关头已临到，牺牲到底不屈挠；飞机坦克来勿怕，大刀挥起敌人跑！卢沟桥，卢沟桥，国家存亡在此桥！
>
> ……
>
> ——引自《卢沟桥歌》

自华北事变以来，北平已处于日本的包围之中。驻平津地区的日军已逾万人，他们分别控制了北平东、北、南三面要地，当时该城同外界的联络，就剩下平汉铁路了。

卢沟桥是一座美丽壮观的石桥，由 11 个石拱组成，桥面两侧石栏杆望柱上，共有 485 只形态各异的石狮子，精巧的雕刻，使整座桥气贯如虹，蔚为壮观。该石桥自 1192 年建成后，历经 700 余年的风雨和战乱，依然雄跨在北平南郊的永定河上，成为北平南下的要冲。近代以来，石桥的北面又修建了一座大铁桥，平汉铁路就从这里贯通而过，因此，在日军占据了丰台后，卢沟桥（宛平城）就成为北平留存的唯一通道。丰台日军常常以演习为名在卢沟桥附近挑衅，目的就是要扼住北平的咽喉。

驻守宛平县城和卢沟铁桥防务的是宋哲元29军第37师第110旅第219团一个加强营，有4个步兵连，1个重机枪连，1个重迫击炮连和一个轻迫击炮连，共约1400人。其中一连步兵和重迫炮连部署在铁桥，一连步兵驻守石桥，其余部队驻扎在宛平县。士兵们经常目睹日军种种挑衅行为，眼中每每喷射出愤怒的火焰，决心誓死抵抗，与卢沟桥共存亡。营长金振中要求战士们在吃饭与睡觉前都要高呼"宁为战死鬼，不作亡国奴"的口号，以振军威。

7月6日，驻丰台日军冒着滂沱大雨又进行了以卢沟桥为目标的进攻演习，并企图穿过宛平城，遭到驻军严词拒绝。双方相持了十几个小时，直到傍晚，日军才退回丰台。7月7日，日军中队长清水节郎声称要举行夜间演习，率军在宛平城西北地区构筑工事。

这天夜里11时许，乌云遮住了月亮，宛平城和卢沟桥笼罩在阴森、闷热的夜幕之中。城内城外，剑拔弩张，大有一触即发之势。突然，一阵刺耳的枪声划破寂静的夜空，枪声来自城东北日军演习的位置。少顷，几名日本军官来到宛平城下，声称日军演习时，遭到城内中国军人的射击，并丢失一名日本士兵。他们怀疑该名士兵已被城内驻军绑架或杀害，坚持要求进城搜查。中国官兵加以拒绝。日军立即包围宛平县城，同时，一木清直率第3大队主力500余人，炮六门，于8日凌晨2时赶至卢沟桥东面的制高点——沙岗。

29军副军长兼北平市长秦德纯闻讯后，立刻派宛平县长王冷斋会同冀察政务委员会外交委员会主席魏宗翰等人赴北平同日本人交涉。日北平特务机关长松井明明接到失踪士兵已经归队的报告，但仍蛮横要求调查失踪原因。冀察当局忍辱退让，王冷斋等同日本顾问樱井等驱车前往卢沟桥。在路上，王冷斋见到的是日军咄咄逼人的进攻态势，枪炮均对准宛平城和卢沟桥。日本辅导官寺平气势汹汹地对王冷斋说："事态已十分严重，…只有请你速令城内驻军向西门撤退出去，日军进至东门约数十米地带再商解决办法，以免冲突。"王冷斋冷冷地拒绝了这一无理要求。

日军副联队长森田胁迫王冷斋等人下车来到日军阵地前，指着日军枪炮说："要请王专员迅速决定，十分钟内如无解决办法，严重事件立即爆发，枪炮无眼，你等同样危险。"闪着寒光的枪炮并没有使手无寸铁的中国官员屈服，依旧坚持原议。

凌晨4时50分，王冷斋和日本代表踏进宛平城内的专员公署大门仅5分钟，爆竹般的枪声又响起来，日军罪恶的子弹纷纷射向宛平城头，迫击炮弹带着啸声落在城内，炸毁了许多民房。我守城将士早已按捺不住满腔怒火，奋勇还击，全面抗战的序幕由此拉开。

同时，一木清直率第3大队主力，向城西北的龙王庙和铁路桥扑去，守军只有两个排，面对数倍于己的凶悍敌人，战士们毫无惧色，6挺轻机枪和60余支步枪一齐射出了仇恨的子弹，但终因寡不敌众，申排长、李排长以下官兵几乎全部战死在桥头阵地上。

卢沟桥战斗打响后，秦德纯命令吉星文团长"必须牺牲奋斗，坚守阵地，即以宛平城与卢沟桥为吾军坟墓，一尺一寸国土，不可轻易让人"。29军士兵自喜峰口作战以后，含垢忍辱已非一日，个个胸中郁结着一口怒气，无处发泄，现在听说要同小日本开战了，人人异常振奋，磨刀擦枪，定要拼个你死我活。面对日军的猛烈进攻，战士们沉着应战，待日兵接近我军最有效射程内时，才用"快

46

放"和"齐放"的方式猛烈射击，最大限度地杀伤敌人，使日军一次又一次地败退下去。

正在秦皇岛的河边正三旅团长星夜赶回北平，亲赴丰台督战，并从北平向牟田联队增派了步、炮兵各一个大队，战车一个中队。牟田联队长向宛平县政府发出最后通牒，要求城内军民立即撤往永定河西岸。8日晚，日军再次大举进攻。他们出动九辆坦克向守军阵地冲来，英勇无畏的战士们硬是用手中的步枪、手榴弹等武器将敌坦克全部打退。与此同时，何基沣旅长率援军截断了日军后路，迫使其停止进攻。

7月8日白天的大雨几乎未停，入夜后转成霏霏细雨，夜幕笼罩的战场又恢复了寂静。突然，青纱帐里发出一片沙沙的声响，吉星文团的突击队勇士们身背大刀，用绳梯坠出城，利用高粱地作掩护，向攻占铁路桥的日军展开夜袭。战士们眼中闪耀出复仇的目光，手中的大刀在敌阵中发出道道寒光，喊杀声震天动地，日军猝不及防，只得束手待毙，有的成了刀下鬼，有的东逃西窜，有的跪地求饶，昔日皇军威严，瞬间一扫而光。一位年轻的战士，挥舞大刀，一口气砍倒日兵13人，生擒1人。日军一个中队近百人，几乎全部丧生，铁路桥上下，横尸如垒，我军终于收复了失地。胜利的消息振奋着全体将士的心扉。何基沣旅长决定乘胜追击，于10日夜再进攻丰台，然后全歼平津地区的日军。然而，最高当局下达的"只许抵抗，不许出击"的命令，使这一计划未能实现。其实，北平附近的日军兵力当时仅有一个联队，完全不堪一击。

日军为避免被优势的中国军队所围歼，也提出了停战要求。同时，陆军部于10日决定从东北、朝鲜和日本本土抽调4个师团、2

"卢沟桥事变"发生后，宛平城中国守军待命出击

个混成旅团及 1 个航空兵团赶赴华北战场。日军源源不断地开往华北，包围平津。一路为关东军酒井镐次独立混成第一旅团和铃木重康独立混成第十一旅团，分别从公主岭、古北口出发，经热河向北平北侧地区集结；一路为驻朝军川岸文三郎第 20 师团，由山海关入关，进犯北平南侧地区，窥视天津；另一路以天津驻屯军河边旅团为基干从东侧包围北平。此外，由日本国内所抽调的三个师团先以板垣征四郎第 5 师团为前锋，经朝鲜入关，会合海军进攻天津、塘沽。

12 日，新任华北驻屯军司令官香月清司飞抵天津任职，此人擅长指挥步兵作战，是 1928 年济南惨案的元凶之一。上任伊始，他就准备"严惩暴虐的中国人"，要求华北驻屯军"作好适应全面对华作战的准备"。与此同时，几十列兵车分载各种部队、战车、大炮、汽车、弹药等，由山海关开往天津附近。

"七七事变"发生之时，蒋介石正在庐山。他闻报后，立即作了"宛平城应固守勿退，并须全体动员，以备事态扩大"的指示。9 日上午，他一面命令宋哲元速从山东乐陵赶赴保定坐镇指挥，一面在军事上作了紧急调配：孙连仲第 26 路军两个师开往保定集中；庞炳勋第 40 军进驻沧州；万福麟第 53 军前往固安、永清、雄县布防。同时，他密令中央军主力第 10、17、21、25、83 师及第 3 军集结待命。为协同指挥，在石家庄设立行营，任徐永昌为主任，督导冀察军事行动。10 日晚，蒋介石又向驻防陕西、河南、湖北、安徽、江苏的国民党军队发布动员令，命令上述各省部队向以郑州为中心的陇海、平汉两条铁路线集结；同时命令山东省主席韩复榘所属第 3 路军担任津浦路北段的防守；中央军的 30 架飞机立即编队北上；平汉、陇海、津浦三铁路局集结了大量军用列车，以备运兵。

不过，南京政府对"七七事变"采取的仍是"应战而不求战"的方针，战略方针是应战"折冲"，加上宋哲元对增援部队深存戒虑，担心中央军借抗战消灭 29 军，只允许援军到达保定，尽管宋哲元部有 4 个步兵师、1 个骑兵师和 1 个特务旅，加上地方保安部队，兵员总计约 10 万人，但由于关东军大量入关，中日双方军事力量对比发生了逆变：到 7 月 16 日，日军入关部队已达 5 个师团，此外，尚有 8 个师团计 16 万人正在来华途中。

20 日下午，日军再度向宛平发动进攻，将无数的炮弹泄在城楼及居民区，宛平城几乎成为瓦砾场。守城官兵在吉星文团长指挥下，冒着密集炮火，顽强保卫县城及卢沟桥，终于击退了日军步骑和坦克发动的两次进攻。吉星文身先士卒，头部三处受伤，依然坚守阵地。

29 军也不甘示弱，秦德纯命令何基沣旅附炮兵一营，于 25 日拂晓向丰台发动了猛攻。战士们压抑在心头的愤怒，终于像火山一样爆发了，一个个似猛虎下山，奋力搏杀，于中午收复了丰台大部，仅有一部分日军，凭借东南一隅的坚固工事顽强抵抗。下午四时，日军大量援军从天津赶到，我军未能采取措施阻击援军，以致日军反击成功，29 军功败垂成。

在我军反攻丰台的同时，驻守平津铁路要隘廊坊车站的第 38 师 113 旅官兵目睹天津驻屯军一车又一车地通过廊坊车站，去屠杀自己的兄弟，实在忍无可忍。25 日下午 5 时左右，当日军士兵百余人强行侵占廊坊车站后，驻军官兵再也按捺不住心头怒火，毅然违抗不许先敌开火的禁令，不顾一切地向侵略者进攻了。战士王春山集合了 5 挺机关枪，率先向日军开火。蒋排长爬上一家旅馆房顶，向正在房檐下休息的一股日军投下一捆捆手榴弹，炸得日寇晕头转向，鬼哭狼嚎。日军仓促应战，伤亡惨重。战斗持续到次日凌晨，华北驻屯军当夜派出增援部队千余人，并在飞机、坦克掩护下，向廊坊中国军队发起猛攻，113 旅官兵寡不敌众，忍痛撤退。27 日午夜，崔振伦团长率全团官兵乘敌不备，发起猛攻，日寇从梦中惊醒，仓皇应战。经过一小时激战，廊坊车站又被收复。但因敌强我弱，只得于天亮前再次撤退。

在北平，日军的军事攻击行动也在紧张地筹备。26 日上午，北平特务机关长松井太久郎向 29 军呈递了华北驻屯军的最后通牒，要求中国军队退出北平、卢沟桥等地，否则的话，日军就要采取独自行动。秦德纯奉令退回通牒，并向日军提出口头抗议，限其立刻退出北平。松井恶狠狠地说：“条件不接受也得接受。”秦德纯大怒，说：“我们可在枪炮上见面。”

当日下午，日军一个大队五百余人在广部大队长率领下自丰台乘卡车 26 辆开往北平，晚 7 时抵达广安门，并谎称是日本使馆守卫队，企图强行进入北平城。守城官兵将城门慢慢打开，诱敌深入，当日军车队半数进入城门后。刘汝珍团长下令向日军开火，并关闭了城门。城内的日军成了瓮中之鳖，一片混乱，损失惨重。

香月清司对日军屡屡遭挫十分恼怒，下令对中国军队发起总攻，但由于城内日侨尚未全部撤出，又将总攻时间延迟到 28 日。不过，27 日凌晨 3 时，日军已向驻守通县和团河的中国军队发动袭击，并于上午 11 时占领上述地区。

28 日凌晨 2 时，松井打电话通知宋哲元，声称要“采取独自行动"。几乎在同时，香月清司在设于丰台的最高司令部下达了全线攻击令。而 29 军由于坐失良机，临时调兵遣将已来不及，处于被动挨打的境地。首当其冲的是 29 军军部所在地——南苑。

拂晓，南苑东北方的晨晖中出现了数架日本轰炸机。它们在天空盘旋了一周后，便向 29 军兵营俯冲轰炸起来，密集的马匹和士兵来不及疏散，成片地倒在血泊之中。接着，集结在团河的第 20 师团主力，配以重炮 40 门，向南苑大举进攻，另以混成第 4 旅团一部切断了南苑同北平间的联系。此外，北苑和西苑也分别遭到了独立混成第一、第十一旅团的进攻。

在敌军优势炮火和飞机的狂轰滥炸下，29 军各部之间联络中断，指挥失灵，程序混乱，纷纷向北平城撤退，南苑很快便告失守。副军长佟麟阁临危不惧，率一支临时组成的军队掩护大军撤退，阻击日军，腿部中弹，仍带伤坚持战斗，不幸又被日机炸弹击中头部，倒在血泊之中，壮烈殉国。第 132 师长赵登禹在激战中多处负伤，在撤退到王河桥时，又遭日军伏击，饮弹身亡。

同日，昌平、高丽营的日军在飞机配合下，分向沙河、小汤山、北苑一线猛扑过来，守军抵御不住，傍晚时向北城圈退却。南、北郊的日军已逼近城垣。宋哲元见颓势无法挽回，乃命令撤到城内的部队向永定河右岸退却，宋本人也离平赴保定。留下第 38 师师长张自忠代理冀察政务委员会委员长兼北平市市长之职，收拾残局。7 月底，北平沦陷于日本侵略者的铁蹄之下。

当北平激战之时，驻守天津的第 38 师一部及独立 26 旅5000余人，在副师长李文田的指挥下，于 28 日凌晨向日本驻天津各机关及日租界发动进攻。由于中国军队是主动出击，日军措手不及，仓促应战，我军官兵进展顺利，很快攻占了日军盘踞的天津东站、北宁路总站和东局子机场，炸毁日机十余架。手枪团和保安队猛扑日军兵营海光寺，攻克了外围据点，给敌寇以重大杀伤，日军龟缩在兵营里顽强抵抗。至 29 日凌晨，中国军队攻入日租界，包围了日军租界守备队。但 29 日下午，日军第 20 师团高木支队和堤支队赶往天津增援，向中国军队猖狂反扑，日机向北宁路总站、北宁公园、南开大学、天津市政府以及中国军队据点实施重点轰炸，使 38 师和保安队付出了惨重代价。他们处于孤立无援的境地，李文田等人血战一昼夜，于 29 日晚间放弃天津，向马厂撤退。

平津陷落后，华北门户洞开，日军继续调集重兵南下，配合淞沪方面的作战，妄图实现"三个月内灭亡中国"的美梦。8 月 14 日，关东军又将混成第 2 旅团、独立混成第 1 旅团、第 15 旅团、堤支队、大泉支队等部组成察哈尔派遣兵团，以东条英机任司令官，配合中国驻屯军西线作战。日军以平、津为出发地，沿平绥、平汉、津浦三条铁路线展开攻势。从 8 月上旬起，中日双方在广阔的华北平原上展开了激烈的战斗。

日军首先进攻平绥线，目的是解除平津的侧背威胁，向晋察绥突袭，直接攫取的战略目标是山西。北平西北 50 公里的南口镇则成为扼守晋察绥的咽喉要地。第二战区前敌总指挥兼第 13 军军长汤恩伯率两个师在南口、居庸关、八达岭一线布防；另以高桂滋第 17 军守赤城、怀来；刘汝明第 68 军守张家口；傅作义第 35 军攻击张北之敌。蒋介石命令汤恩伯必须在南口坚守十天以上，以待卫立煌的第 14 集团军增援。

8 月初，日军以独立混成第 11 旅团为主力，在第 5 师团一部协同下，向南口猛扑而来。南口背依长城，前扼雄关，地势险峻，是一个易守难攻的天然堡垒，不过，由于长城是为防御北方人入侵而修筑的，要防御日军由南向北的进攻，便不是那么险要了。8月8日，日军出动步兵千人，重炮十多门向得胜口进攻。日军先集中炮兵对我军山头阵地进行密集射击，并出动几十架飞机轮番轰炸，再用坦克掩护步兵冲锋。但13军将士不畏牺牲，顽强抵抗，击退了日军一次又一次进攻。12日拂晓，敌寇又增兵五千，野炮50门，战车30辆，向得胜口、虎峪村、南口、苏林口一带发动全线总攻，其重点目标是南口。在日军强大炮火轰击下，南口阵地几乎夷为平地。中国士兵在倒塌的工事里，身陷焦土，沉着还击。日军曾一度冲入南口镇。当晚，王仲廉师长组织军队发动反攻，夺回该镇。

次日晨，日军坦克、重炮向南口镇两侧高地发炮五千枚，步兵在30余辆坦克掩护下向前猛冲，中国士兵冒着枪林弹雨，在血肉模糊的死尸上匍匐前进，用简陋的爆炸装置炸毁了一辆又一辆坦克。日军攻势再次受阻。在汤恩伯部的顽强抗击下，日军猛攻十余日，始终不能跨越南口一步。第13军伤亡约17000人，其中战死近6000人。而日军投入两个半师团，两个炮兵联队，也在前沿阵地留下了几千具尸体。

为支援南口作战，傅作义集团在察北发动攻势，8月14日克复商都，16日攻克化德，17日收复尚义；刘汝明军又收复张北，对进攻南口的日军形成威胁。

南口既然久攻不下，关东军决定改变策略集中兵力进攻张家口，从背后包抄南口、怀来一线的汤军团。8月21日，本间旅团由张北方面突破长城神威台口，直趋张家口。而刘汝明军主力则在张北一线被察哈尔派遣兵团的 3 个旅团所牵制。26 日，张家口失陷，南口、怀来腹背受敌，在战略上已失去防守价值，不得不放弃。

张家口、南口等地失守，使察南屏障丧失，无险可守，几天之后，平绥线东部要地尽失，日军迅速控制了察哈尔全省。8 月 31 日，日本以华北驻屯军为基础，编组华北方面军，以寺内寿一大将任司令官，下辖 2 个军共约 8 个师团 37 万人。华北方面军的作战任务是以平汉路、津浦路为主，而以板垣第 5 师团配合关东军察哈尔派遣兵团继续沿平绥路西进，夺取山西。山西是华北地区的战略要地，向北可以进出察绥两省，向东可以控制河北，向南可以牵制中原，又是西北诸省的屏障。日军的进攻部署是：察哈尔派遣兵团约 4 个旅团偕伪蒙军 9 个骑兵师，从张家口沿平绥路两侧向西挺进；板垣征四郎率第 5 师团从怀来直插蔚县，然后向天镇、阳高进犯，包抄晋绥军后路，以图叩开山西的北大门——大同。

针对日军的进攻路线，第二战区司令长官阎锡山命令李服膺第 61 军死守天镇、阳高；赵承绶骑兵第 1 军在绥远的兴和、尚义、商都一带阻敌西进；以王靖国第 19 军、傅作义第 35 军、刘茂恩第 15 军等部在大同、集宁一线同日军决战。从 9 月 3 日至 10 日，第 61 军同日军在天镇展开了 8 天 8 夜的血战，守军官兵顽强地抗击近一个师团的日军，尽管城防工事大部被日军炮火炸毁，但他们依然坚守阵地，并不时派出突击队绕到敌后，瓦解了日军一次又一次的进攻。日军不得不停止进攻天镇，而命令堤支队绕过天镇，奔袭阳高、大同。10 日，日军攻占阳高和五千户岭，天镇丧失屏障，军长李服膺下令放弃天镇。鉴于刘茂恩军此时尚未抵达大同，城内兵力单薄，阎锡山决定收缩防线，集结兵力在内长城一线布防，遂下令放弃大同。

日军察哈尔派遣兵团占领大同后，除以混成第 1 旅团攻占威远堡，经左云北上攻略绥远外，令独立混成第 15 旅团及混成第 2 旅团主力沿同蒲铁路南下，直攻太原，并配合第 5 师团向平型关方面的突进行动。中国方面则以重兵防守晋北和晋东地区，以晋北为主要防御方向。

板垣师团于 9 月 12 日起向广灵发动进攻，并于 14 日攻克该城，继续向灵丘、浑源追击，至 20 日，亦分别侵占之。

阎锡山决定在平型关地区布下重兵，阻止第 5 师团的攻势。以第 6 集团军副总司令孙楚指挥高桂滋第 17 军、刘茂恩第 15 军、刘奉滨第 73 师等部共 5 个师扼守该地区各个重要关口；以傅作义第 35 军、杨澄源第 34 军、陈长捷第 61 军等部队为预备军，增援平型关；共产党领导的朱德第 18 集团军向敌侧背发起进攻。

平型关战役于 9 月 22 日打响，中日双方激战 2 天，伤亡均很严重，24 日，傅作义率军赶到平型关参加战斗，日军亦增兵一个旅团，向东跑池、西跑池、团城口等要地猛攻，并占领了各处高地。25 日拂晓，傅作义指挥部队实施反击，夺回鹞子涧一带高地，将日军包围在东西跑池的深沟内。

第 18 集团军第 115 师亦在平型关以东的小寨村伏击了第 5 师团预备队及辎重队千余人，将其全歼，其中包括师团情报参谋桥本中佐，捣毁汽车 80 余辆，缴获大量枪支弹药及军需用品，有力配合了主力作战。

27 日，得到重炮、战车和飞机增援的第 5 师团再兴攻势，察哈尔派遣兵团的十川支队亦由浑源向中国守军左侧绕攻，全线战斗异常惨烈。28 日，中国守军发起反击，歼敌数百人，夺回许多山头阵地。第 71 师的程继贤团突入敌阵地太深，致被日军包围，团长以下均壮烈殉国。至 29 日，日军又以 2 个纵队实施反攻，但仍然没有奏效，始终不能越雷池一步。

不过，策应第 5 师团作战的察哈尔派遣兵团第 15 混成旅团却于 28 日突破了杨澄源军在茹越口的防线，29 日又占领了繁峙，切断了平型关守军的后路。为免遭日军包围，第二战区于 30 日拂晓下令放弃平型关，向代县、雁门关、阳方口之线转移。第 5 师团同混成第 15 旅团会合于繁峙后，10 月 1 日又攻占代县。同时，察哈尔派遣兵团独立混成第 1 旅团于 9 月 25 日挥戈南下，连克平鲁、朔县，30 日越过阳方口，中国军队的内长城防线完全崩溃。

10 月 1 日，日本参谋本部命令华北方面军攻占太原，将位于内长城以南的关东军察哈尔派遣兵团的 4 个半旅团划归第 5 师团长板垣征四郎指挥，这样，集结在晋北的日军便达到 6 个半旅团 7 万余人，炮 250 门，战车 150 辆。

中国统帅部为确保山西要地，决定转用平汉线兵力，10 月 2 日命令卫立煌率第 14 集团军的 4 个师又 1 个旅，由石家庄经正太路运往太原，增援晋北。第二战区决定在忻口附近与敌决战，共调集了 21 个步兵师、3 个骑兵师、8 个独立旅、7 个炮兵团、1 个战车防御炮营及 1 个装甲车队，陈栖霞奉军事委员会之令率 4 个空军中队北上支援山西作战。其兵力部署为：以第 18 集团军（欠第 120 师）、第 73 师、第 101 师及新编第 2 师为右翼集团军，归朱德总司令指挥在五台山之线占领阵地；以第 14 集团军、第 15 军、第 17 军、第 19 军、第 34 军之第 196 旅为中央集团军，归卫立煌总司令指挥，在蔡家岗、灵山、界河铺、南怀化、大白水、阳明堡一线占领阵地；以第 68 师、第 71 师、第 120 师及独立第 7 旅等部为左翼集团军，归杨爱源总司令指挥，在黑峪村迄阳方口之线占领阵地；以第 34 军（欠第 196 旅）、第 35 军、第 61 军、第 66 师及独立第 2、第 3 旅为预备集团军，归傅作义总司令指挥，置于定襄、忻县一带策应各集团军。

然而，未等中国军队集结完毕，日军的攻击便已开始，从 10 月 1 日到 8 日，混成第 2 旅团，混成第 15 旅团、独立混成第 1 旅团分别由繁峙、崞县、阳方口南下，接连攻占了阳明堡、崞县、原平、宁武，使忻口处于日军的直接攻击之下，华北抗战中最重大的战役——忻口会战正式开始。

忻口位于同蒲铁路要点忻县之北约 30 公里，是一个地势险峻的隘口，太原的北大门。12 日，中国左、中、右三路集团军均已在忻口附近占领阵地。阎锡山又令傅作义率预备集团军加入中央集团军作战，并将中央集团军分为三个兵团：以刘茂恩指挥第 15、第 17、第 33 军等部，组成右翼兵团；以郝梦龄指挥第 9、第 19、第 35、第 61 军等部，组成中央兵团；以李默庵指挥第 14 军及第 66、第 71、第 85 等师，组成左翼兵团。

13 日，日军以 30 余架飞机、大批战车和几十门重炮掩护步兵 5000 余人，采取中央突破的战术，猛攻南怀化阵地。中国军队据守的是半永久性国防工事，大部被轰毁，守军伤亡惨重，日军突破了中央防线。卫立煌急调中央军主力第 10、第 21 师等部夹击突前之敌，激战至夜里，才将这股日军全歼。14 日，日军增兵 3000 人，再次攻占南怀化阵地。同时，大白水阵地也被一股日军攻陷。鉴于南怀化为重要的战略据点，卫立煌令郝梦龄组织军队反攻，并派李仙洲第 21 师以及两个独立旅增援。15 日下午，南怀化以南的制高点 1200 高地又被日军占领，日军从南怀化突破口分向两翼延伸，使突破口扩大到近 400 公尺，阎锡山严令卫立煌立即抽调部队反攻，并悬赏 50 万元夺回 1200 高地。当晚，卫立煌调集 5 个旅兵力分三路向南怀化及 1200 高地反攻。第 9 军军长郝梦龄亲自指挥夜袭部队，他身先士卒，冒着如雨的子弹率军前进。第 54 师师长刘家麒指挥一个旅向南怀化敌侧背攻击。16 日晨，大规模夜袭终于成功，重新占领了南怀化高地。当郝梦龄率军追击时，被掩护撤退的日军机枪击中腹部，当即倒地，为国捐躯。第 54 师师长刘家麒、独立第 5 旅旅长郑廷珍亦相继阵亡。高级指挥官的牺牲，使指挥中断，攻势受挫，阵地得而复失。

从 16 日开始，日军的攻击重点转向左翼的大白水、东西荣村、南槐花、官村一线阵地。日军首先集中猛烈炮火，将外围工事全部炸毁，又利用烟幕弹掩护步兵冲锋，其中三辆坦克突入大白水市街，中国守军以炮火和集束手榴弹击毁一辆，其余两辆见势不妙，逃出寨外，阵地转危为安。不久，左集团军的孟宪吉旅及郭宗汾第 71 师及 3 个炮营的援军加入战斗，稳定了战局。在右翼，日军攻击灵山、南郭的战斗也毫无进展。尽管板垣在 10 月下旬先后得到了萱岛支队、第 109 师团一个步兵联队和一个机械化步兵联队的增援，但由于中国守军的顽强抵抗，日军的进攻始终未有明显进展。

为配合忻口战役中央集团军的正面防御，第 18 集团军在五台山及宁武山区对日军后方不断袭扰。14 日，贺龙第 120 师与独立第 7 旅配合，收复宁武县城。15 日，该集团军一部在广灵、灵丘间击溃日军数百人，并收复了广灵城。19 日，第 120 师又袭击阳明堡日军机场，炸毁日机 24 架，使日军在数日内无法对忻口守军阵地进行轰炸，有力地配合了正面作战。

日军在晋北攻势受阻，乃命令川岸文三郎指挥第 20 师团及第 108、第 109 师团各一部，沿正太铁路向太原进攻。而第 2 战区因专力于晋北作战，晋东防务空虚，一时无兵可派，蒋介石只得派冯钦哉第 27 路军、曾万钟第 3 军等部赶赴晋东娘子关至冀西井陉一线布防，统由第二战区副司令长官黄绍竑指挥。由于中国军队仓促应战，始终陷于被动，虽派孙连仲第 26 路军 3 师又 1 旅驰援，仍于 10 月 26 日丢掉了娘子关天险。日军攻占娘子关后，继续沿铁路西进，29 日占领平定，30 日攻陷阳泉。

阎锡山鉴于晋东战役失利，威胁忻口主力部队侧背，乃令卫立煌率忻口守军向太原撤退。11 月 2 日夜，忻口守军全线撤退。11 月 6 日，日军第 5 师团与第 20 师团在太原郊外会师，合攻太原城。8 日，城东、城北城墙被轰开破口十余处，日军攻入城内，是日夜，日军空降兵自天而降，使城西、城南守军猝不及防，损失惨重。城防总司令傅作义乃下令守军由城南大门突破重围，向晋南转移，太原陷落，忻口会战亦告结束。

忻口会战，中国方面投入的兵力达 20 万人，以伤亡 5.57 万人的代价，与日军相持 20 天，打死打伤日军 3 万人以上，开创了抗战以来华北战场上最有利的局面。

平绥路沿线，中国军队的抵抗十分顽强，但平汉路北段与津浦路北段的战事，由于高级指挥官指挥失当，各将领保存实力，而使河北和豫北迅速为日军所囊括。

平汉路北段防务由刘峙第 2 集团军担任，以孙连仲军团及骑十师在房山、琉璃河、固安之线组成第一道防线；裴昌会第 47 师集结于涿县附近策应孙军团；曾万钟第 3 军在易县、涞水、高碑店一带组成第二道防线；关麟征第 52 军在满城、保定、新安镇一线赶筑第三道防线。

津浦路北段由宋哲元第 1 集团军担任，以宋部退守静海、马厂一线，吴克仁第 67 军防守文安、大城；庞炳勋第 40 军和刘多荃第 49 军分别集中在沧县和德县构筑防御工事。

中国军队的部署要领是以平汉、津浦两路为轴，多线设防，控制机动兵团在两线侧翼相机迂回，其战略重点是守卫沧、保、德、石四座重镇。

8 月下旬，日军第 10、第 16 师团沿津浦路南下，9 月 4 日攻击唐官屯、马厂。马厂于 11 日失陷。第一集团军迅速调集部队在姚官屯一线设防保卫沧县。9 月 21 日，日军第 10 师团向姚官屯发动猛攻，庞炳勋第 3 军团奋力抵抗，同日军在姚官屯——沧县一带激战 3 天，并派第 39 师袭击日军后方，几经反复，终于坚守住了主阵地。24 日，更猛烈的进攻开始了，日军以密集炮火摧毁姚官屯守军主阵地，庞军团伤亡较重，援军又迟迟未到，庞炳勋下令撤退。10 月 1 日，冯玉祥、鹿钟麟在南皮指挥第 59、第 49、第 40 军主力向泊头镇、沧县反攻，进展顺利，韩复榘意气用事，将正在配合作战的展书堂第 81 师撤回济南，致使第 1 集团军反攻部队腹背受敌，不得不向津浦路西南溃退。

10 月 2 日，日军向德县进攻，守城部队仅韩复榘部 1 个旅，旅长运其昌率部同日军激战 3 天。德县激战之时，韩复榘率兵 5 个团已抵达平原县，但韩复榘为保存实力，借口大雨如注，通行困难，拒不增援。4 日午夜，日军突入德县城，守城的一个团大部殉国，德县于 5 日凌晨陷于敌手。

平汉路日军的攻势于 9 月 14 日开始，日军第 6、第 14 师团分别由固安、永清强渡永定河，向涿州迂回。孙连仲部急赴拒马河堵截。15 日，日军加派 20 辆战车掩护步兵攻击前进，攻陷扬头岗，并在拒马河畔施放毒气烟幕弹，强攻渡河，占领了滩头阵地。翌日，裴昌会第 47 师被日军突击部队切成数段，激战过午，守军被迫退守毛家营南北防线。9 月 18 日，板垣师团一个支队由涞源直取保定；同时，一支日军机械化部队突破保定西侧防线，向正定、石家庄一线突进。日军装备精良，独立作战能力强，对保定、石家庄一线中国军队形成严重威胁。第一战区下令放弃永清、固安，向西南收缩防线，一部退往石家庄，主力集结在保定。然而同一天，对防守保定至关重要的涿县失陷，加大了对保石防线的压力。蒋介石向第 2 集团军总司令刘峙发出手谕，令其在保定附近同日军展开决战。

9 月 20 日，日军突破保定正面的徐水、遂城阵地，继而以强有力的部队，兵分三路攻打白洋淀至满城一带防线。关麟征第 52 军抵挡不住，满城于 23 日陷落。刘峙率所部退往保定，由于同刘峙联络不上，前来增援的曾万钟第 3 军竟退往保定以南 60 公里的安国，使防线出现极大漏洞，守城部队同左翼部队失去了联络。24 日，日军开始向保定发动总攻，炮兵对保定城进行了约 1 个小时的轰击，使城墙打开两个缺口，上午 8 时，步兵第 11 旅团占领了城墙一角，11 时又在坦克掩护下突入城南公园，守军由南门向张登镇方向撤退。

新任第 1 战区司令长官程潜急忙部署在正定附近与敌决战，但由于晋省告急，卫立煌第 14 集团军、孙连仲第 26 路军、冯钦哉第

27路军等部先后调往晋北、晋东作战，只留商震第20集团军在平汉路作正面抵抗，防守力量十分单薄。其中正定只有宋肯堂第141师及独立第46旅防守，万福麟第53军保卫石家庄。

从10月5日起，日军向正定城发起攻击，依旧采取先用飞机炸、重炮轰，然后以工兵开道、坦克掩护的老战术，敌军多次从缺口冲入城内，守城部队展开巷战，并用集束手榴弹杀伤日军战车和人员，顽强地坚守了3天。8日，总攻开始，敌兵端着刺刀，潮水般地冲向正定城内，坦克车横冲直撞，守军伤亡2000余人，遂弃城，退往滹沱河。

10月9日，日军第20师团强渡滹沱河，向石家庄西侧迂回，第14、第6师团也陆续过河，从西、南两面包围石家庄。不过，万福麟军已于10月6日开始退却，仅留少数部队在石家庄防守，所以日军未经太大战斗就占领了石家庄。石家庄失守后，日军除以第20师团攻击晋东娘子关外，第6、第14、第16师团齐头并进，继续沿平汉路南侵，15日占领邢台，17日攻陷邯郸，然后兵分三路强渡漳河，进击豫北重镇安阳。11月5日，安阳陷落。11日，大名亦告失守。

保定、石家庄、沧州、德州的丧失使华北战局对中国极为不利，日军凭借平汉、津浦、正太等铁路，将作战物资和增援部队源源不断地输送到作战地区，晋、豫、鲁三省又受威胁。

四

血肉长城——从上海到南京

"卢沟桥事变"发生以后，上海便成为国内外关注的焦点。

日本参谋本部在 7 月 11 日拟定的对华作战用兵秘密指示中，就以调兵保卫上海，并运用海军航空兵消灭中国空军力量为主要目标。16 日，日本驻华海军第 3 舰队司令官长谷川清中将向东京提出：应在开战之初就使用全部空军兵力来消灭中国的空军，同时要取上海，攻南京，使中国的军队及国民迅速丧失战斗意志，这是置中国于死地的最重要手段。他要求向上海秘密派遣特别陆战队。日本驻扎在上海的海军陆战队有 3000 余人，司令部在虹口，设有坚固工事，在杨树浦和小沙渡附近的日本纱厂内也构筑了防御工事。连日来，他们在日租界各要点增设哨位，构筑工事，架设高射炮和重炮，扩编义勇队和在乡军人队，举行军事演习。28 日，日本政府命令长江内的所有日本舰船，载着驻汉口的海军陆战队千余人及长江沿岸城市的近 3 万名日侨，陆续撤往上海。

鉴于一·二八淞沪抗战的教训，蒋介石判断日军很可能再次进攻上海，因而电令上海市政府严加防范。但由于《淞沪停战协定》的限制，上海市内的中国武装部队仅有上海市警察总队和江苏保安部队两个团。京沪警备司令张治中将军指挥的两个装备精良的机械化师，第87师在常熟、苏州；第88师在无锡、江阴。原指定协同作战的空军、炮兵均调到华北去了。张治中认为上海兵力薄弱，难以应付突发的战事，遂向蒋介石建议抽调正规军化装成保安部队进入上海布防，蒋介石同意了，当即命令陆军独立第2旅由徐海地区调往上海，其中一团化装成上海保安团，进驻虹桥、龙华西两飞机场；一团以宪兵名义开驻松江。又调江苏保安第2团接替浏河方面江防，将保安第4团集结在太仓。7月30日平津陷落后，张治中向南京国民政府提出了淞沪抗战应"先发制敌"的作战方针，得到南京军事统帅部的首肯，但发动的时机应等待命令。

日本人大概觉察到中国正规部队已开入上海，为了证实这一情报，8月9日派军官大山勇夫等2人骑摩托车直闯虹桥机场大门，企图刺探军事机密。大山等人在中国警察劝阻时，还肆意行凶，引起了保安队士兵的极大愤慨。这些保安队员恨透了日本人，立即开枪自卫，将二人击毙。上海市市长俞鸿钧闻讯后即与日方领事提出交涉，谋求以外交途径解决冲突。但日方乘机要挟中国政府立即撤出市内保安队，拆除军事设施，并以武力解决相威胁。11日，佐世保的机动部队运抵上海，战事已不可避免。

蒋介石密令张治中率苏、锡一线的部队推进到上海地区，并将南京附近两个重炮团拨归张治中指挥，这两个炮团装备的是最新式的德制重榴弹炮。蒋介石还在南京召开的军事会议上决定封锁江阴附近江面，不让长江里的日舰逃走。谁知这一消息被当时做记录的行政院机要秘书黄浚泄露给了日军，日海军立即命令江阴以西江面上的军舰东下，集中在长江口。为此，蒋介石大发雷霆，枪决了黄浚，又命令空军第 5 大队出动 10 余架飞机追击轰炸，但日舰已逃出长江。张治中所部于 11 日夜开始行动，12 日晨便抵达上海。王敬久第 87 师进入上海市中心江湾，并以一部固守吴淞；孙元良第 88 师进至江湾、北站之间；炮兵第 10 团一个营与炮兵第 8 团在真如、大场进入阵地；独立第 2 旅进至南翔；令刘和鼎为江防指挥官，率第 56 师及江苏保安队两个团控制于太仓、浏河附近。

8 月 11 日深夜，海军总司令陈绍宽率领舰队开到江阴，将江阴下游的航行路标志（如航标灯、灯塔等）一律拆毁。同时又用沉船淤石阻塞江阴附近港道，先后凿沉旧船舰艇 12 艘，商船 23 艘，合计总吨位 6.38 万吨，各船之间用铁索连接起来。为了填补空隙，又陆续凿沉趸船 8 艘，民船、盐船 185 艘，石子 7000 多立方。海军又在江面布下了水雷，构成一条坚固的水中封锁线。另外，海军第 1 舰队司令陈季良又率平海、宁海、应瑞、逸仙 4 艘主力舰，泊守在封锁线内侧，以大口径舰炮组成强大的火力网。

国民政府军事委员会继而命令苏浙边区司令张发奎率第 55、第 57 师、独立第 20 旅开赴浦东及上海南郊；命罗卓英率第 18 军等部由武汉火速顺江东下；命第 36 师从西安连夜赶回上海参战。

日本也在调兵遣将。日参谋本部 12 日决定向上海出兵，以第 3、第 11 师团为基干，编成上海派遣军，开赴上海作战，并确定登陆地点为浏河、吴淞；云集黄浦江及长江口的军舰已达 30 余艘，在沪海军陆战队也已增至 9000 余人。

张治中原计划于 13 日拂晓对虹口、杨树浦日军据点发起攻击，乘敌措手不及，将其一举击溃，拿下整个上海。但蒋介石于 12 日突

八一三淞沪抗战中的国民革命军防毒部队

然电令张治中"不得进攻",原来上海领事团为避免在上海作战,建议国民政府改上海为不设防城市,使蒋介石有所顾忌。

8月13日上午九时半,中日双方军队在闸北及虹口公园北的八字桥附近发生了武装冲突,日军向中国军队阵地炮击。下午,冲突进一步扩大,八字桥日军向持志大学守军发动进攻,第88师官兵奋力还击,淞沪抗战终于爆发。

14日,中国政府发表自卫抗战声明书,宣布"中国为日本无止境之侵略所逼迫,兹不得不实行自卫,抵抗暴力"。蒋介石下令,将京沪警备部队改编为第9集团军,张治中任总司令,攻击虹口及杨树浦之敌;苏浙边区部队改编为第8集团军,张发奎任总司令,守备杭州湾北岸,并扫荡浦东之敌,炮击浦西汇山码头;空军出动,协同陆军作战并担任要地防空。

当天上午,中国空军首次投入战斗,并大显神威。

晨7时,阴雨连绵,我轰炸机五架在战斗机掩护下由杭州笕桥机场起飞,排成楔状队形,飞抵上海,对日军据点公大纱厂、汇山码头及临时机场实施轰炸。日军高射炮射击颇密,我飞机从1500米高空俯冲投弹,皆命中目标。

晨8时40分,空军第2大队副大队长孙桐岗率机21架,携带250公斤炸弹14枚,50公斤炸弹70枚,由广德机场起飞,轰炸公大纱厂飞机场及吴淞口日本舰队。因日军防空炮火猛烈、只能在800米空高目测投弹,均未击中敌舰,日舰向长江口逃遁。

9时20分,第5大队长丁纪徐率领飞机8架,自扬州起飞,沿长江向东飞行,追击向长江口逃遁的日舰。在吴淞口附近发现敌驱逐舰一艘,长机下令改变队形,一架一架地向日舰俯冲投弹,敌舰

中国守军在上海闸北坚守阵地

浓烟滚滚，舰首向左侧倾斜约40度，受到重创。

同日，杭州上空进行的一场空战，更使"皇军"威风扫地，笕桥机场是最重要的空军基地，当时驻有6个中队，飞机63架，对上海日军构成极大威胁，日海军木更津航空队这天出动了轰炸机9架，企图摧毁笕桥空军基地。下午1时30分，下着毛毛细雨，云高仅300余米，天空一片灰暗。在接到曹娥对空监视哨发来的警报后，空军第4大队队长高志航带领中队长李桂丹、毛瀛初、董明德等9架飞机升空迎击敌人。高志航首先击落敌重型轰炸机一架，接着又有数架敌机被击落在笕桥上空和钱塘江口。此役中国空军共击落敌机6架，在中日空战史中首战告捷，创造了6比0的纪录，打破了日本空军不可战胜的神话。

8月16日下午，中国空军又先后出动5批35架轰炸机，轰炸了虹口日军司令部、日军兵营、公大纱厂、汇山码头、杨树浦等处敌据点，有力地掩护了第9集团军的进攻。飞行员阎海文驾驶的飞机机翼被打断，被迫跳伞，落在通天庵公墓日军阵地上。敌人四面包围过来，阎海文就地卧倒，伪装死去，等敌兵快到身边时，他翻身跃起，抽出双枪，左右开弓，击毙敌军数名，最后自杀以殉国。

中国陆军于14日下午发起总攻。第87、第88师齐头并进，向虹口、杨树浦一线攻击前进。战斗至日没，中国军队夺回八字桥、持志大学、沪江大学、五卅公墓、爱国女桥、粤东中学等地，第88师黄梅兴旅长率2个团逼近日海军司令部，在爱国女校附近指挥时，不幸为敌迫击炮弹击中，当场壮烈殉国。攻击亦停顿下来。

16日，雷电学校教育长欧阳格率鱼雷艇到达上海，命安奋邦指挥一艘鱼雷艇冒险开入黄浦江，向外滩附近的"出云号"发射鱼雷

7 枚，但由于该舰备有防雷网，只受了轻伤。

17 日，中国军队再次向杨树浦方面发起攻击，第 87 师攻占了海军俱乐部，第 88 师冲入日本坟山。但日军工事坚固，中国军队的炮火无法将其摧毁。连日来，中国空军又出动近百架次飞机对日军各据点、舰队进行轰炸，并在各地同日机展开空战。19 日，空军二大队第九分队长沈崇海和陈锡纯驾驶的双座轻型轰炸机因发生故障，无法返航，他们遂开足马力，推下机头，穿过日军的高射炮火网，携带着一枚 300 公斤炸弹冲向日海军漪云号驱逐舰，与之同归于尽。由于日海军航空母舰尚未抵达上海附近，敌机限于航程，无法对中国军队构成威胁，又被中国空军击落数架。开战前 3 天中，中国空军共击落日机 44 架，取得了辉煌战果。素以战略轰炸闻名的木更津司令也因此切腹自杀。

18 日，中国军队又接到暂停进攻的命令，这是上海开战来的第三次停止攻击的命令了。原因是英、美、法、德、意五国大使同时向中日两国政府提出："中日双方各从上海同时撤兵，英国当与各国负责保护上海的日侨。"但日本拒绝了这个提议。

这时，第 36 师（师长宋希濂）、第 11 师（师长彭善）、第 98 师（师长夏楚中）、第 61 师（师长杨步飞）等援军纷纷抵达上海。蒋介石还从我国仅有的一支坦克团（团长杜聿明）中抽调两个战车连，一个战车防御炮营赴上海参战。

19 日，攻击再次展开，张治中的前线指挥部设到了江湾叶家花园的第 87 师司令部中。由于攻击部队得到了第 36 师、第 98 师的增援，进展顺利，至 20 日拂晓已推进至欧嘉路、大连湾路、昆明路、唐山路一线。20 日，张治中将攻击重点由虹口日海军陆战队司令部改为汇山码头，计划将日军截为两段，再分而围歼之。在坦克部队的配合下，新投入战斗的第 36 师于 21 日夜向汇山码头发起强攻，以第 216 团担任主攻。团长胡家骥身先士卒，冲在队伍最前面，在突破日军唐山路和东熙华德路口防御工事时，他的两名卫士先后牺牲，他本人也五处负伤，但继续指挥战斗。坦克营的官兵冲在最前面，但由于中国步兵从没有同坦克协同作战的经验，一味冲在坦克前面突击而不加掩护，加上日海军舰炮的凶猛火力，两个战车连的坦克全被击毁。不过，第 36 师终于攻占了汇山码头，残余日军逃到外滩的外白渡桥，向桥南的英军投降。日军放火阻止我军前进，黄浦江上日舰炽烈的炮火使第 36 师官兵伤亡惨重，加上日海军陆战队 2500 余人的援军抵达，我军迫不得已又退回唐山路原守阵地。此役第 36 师伤亡达 2000 人，损失战车十余辆。

日本上海派遣军于 8 月 22 日乘船到达舟山群岛以北海面，当天午夜进抵川沙河口，司令官松井石根大将决定"与海军协同，以一有力兵团在川沙镇方面，以主力在吴淞附近登陆"，企图于登陆成功之后以第 11 师团占领罗店镇，以第 3 师团占领吴淞，然后直插南翔、嘉定、大场，控制京沪铁路，攻击淞沪地区华军侧背。

第 3 战区鉴于敌有以主力在吴淞、川沙登陆之企图，决定将长江南岸守备区编为第 15 集团军，下辖第 18 军、第 54 军共 4 个师，以陈诚任总司令。

23 日拂晓，日军第 11 师团分别在川沙口、狮子林、吴淞等处登陆，日空军开始猛烈轰炸，日海军也以猛烈炮火支援，使中国军队无法实施增援。中国军队沿江岸守备部队仅有第 56 师，沿黄浦江守备的也只有上海保安总团，兵力十分单薄，其中川沙口守军仅有一个连。根本抵挡不住强敌。日军当天便在川沙口、吴淞口和张华浜等地登陆，并以主力向罗店进攻。

围攻虹口和杨树浦的第9集团主力被迫向北转移，去阻击由长江登陆的日本上海派遣军。张治中除命市区各部固守阵地外，抽出教导总队第2团阻击张华浜之敌，第87师1个旅支援吴淞，第98师向宝山、刘行、杨行、罗店前进，由该师师长夏楚中指挥第11师及第98师阻击上陆之敌。当天下午，第11师不顾敌机轰炸，进至罗店附近，并对占领罗店的日军展开进攻，毙敌百余名，收复了罗店。

24日，日军后续部队涌上，一部攻占了吴淞炮台，主力向狮子林挺进。此时第15集团军各部亦先后赶到，陈诚决定向登陆之敌发起进攻，将其压向江岸予以消灭。第98师与吴淞守军配合，向进攻吴淞、宝山的日军反攻，傍晚将之压向江边，歼敌300余名，解了吴淞之围；另一部由八字桥向宝山城立足未稳之敌急攻，激战一小时，收复了宝山，日军残部向狮子林退逃。第11师和第67师亦在新镇、罗店同日军展开激战。

在张华浜，教导总队第2团士气高昂、装备也精良（有平射炮、战防炮和榴弹炮各一个连），虽英勇阻击，但终未能奏效，因为日军发动海、陆、空三方面火力，一时弹如雨下，硝烟四起，战士们付出了巨大的牺牲。日军又攻陷殷行。张治中又从第36、第87师抽调四个团兵力，几经激战，才收复殷行，将日军赶回张华浜。

从8月23日至10月下旬，中国军队在罗店、狮子林、吴淞、宝山、蕴藻浜、张华浜、刘行一线，同日军展开了激烈的沿江争夺战，由于日本是陆、海、空协同作战，而中国军队装备落后，只能凭借几十万士兵的血肉之躯来抵挡成千上万吨钢铁的倾泻，战况十分惨烈。张发奎将军在描述 9 至 10 月沿江争夺战战况时写道：

> 敌人的炮弹好像雨点一样散落在我们的阵地。我们的炮兵在数量与火力上都无法与敌对抗，只有英勇的战士们以血肉筑的长城，来抗拒敌人的犀利的火器。制空权也完全掌握在敌人手里，敌人的飞机一天到晚翱翔在战地的上空。我们的部队没有立体作战的经验，仅凭着血气之勇，不知讲求疏散与伪装，更招致许多无谓的损害。

由于日本海军派了 3 艘航空母舰开往长江口，载有战斗机 100 余架，使中日空军力量对比发生变化。中国方面共有 200 余架飞机，到了 9 月底，能够战斗的飞机所剩无几，尤其是飞行员损失严重，以南京第 5 大队的一个中队为例，13 名飞行员已死了 7 人，重伤 5 人，几乎全军覆没。加上日机频繁轰炸南京、南昌、句容、蚌埠、杭州、广德等空军基地，更使中国空军处于被动。

在陆军方面，中日军队在罗店、吴淞、宝山、月浦、张华浜、虬江口一线展开激战。日军在长江沿岸及黄浦江沿岸继续登陆，并向战略要点推进，与我军一个点一个点地争夺，往往日军白天占去，我军夜间又夺回。此时，中央军校教导总队、周岩第 6 师、胡宗南第 1 军两个师先后到达宝山、吴淞、蕴藻浜一带，与敌激战，但在日军舰炮和飞机炽烈的炮火下，伤亡惨重，一支部队往往不到一个星期，就伤亡殆尽地换下来。

日第 11 师团于 8 月 27 日晚以猛烈炮火作掩护，又向罗店猛扑，守军在熊熊烈火中与敌展开激烈巷战，第 67 师第 110 旅旅长蔡炳炎及团营长多人阵亡，师长李树森被炸伤，罗店又一次被日军攻陷。

日军攻占罗店后，松井石根又命第11师团一部协助第3师团攻克吴淞。31日，第68联队在海空火力支援下，在吴淞登陆，守军第61师一个团伤亡惨重，吴淞镇又失守。同时，日舰20余艘，飞机10余架，对狮子林炮台进行狂轰滥炸，使工事、火炮均被摧毁。次日，日步兵千余人登陆，向炮台发动攻击，第98师一部与敌反复白刃格斗达4个小时，全部为国捐躯。

日军天谷旅团于9月2日由青岛抵达吴淞江面，在宝山以西登陆后，以30辆坦克为前导，从军工路突破中国军队阵地后，继续向西进犯，迫使第98师第294旅一部向月浦东侧收缩防线，致使守宝山的第3营陷入重围。日军舰炮、飞机猛烈轰炸，并以战车猛冲，姚子青营长率全营官兵沉着应战，杀退了敌人一次又一次的进攻。9月6日，日军第3师团见久攻不下，竟向宝山城发射硫磺弹，全城淹没在一片大火之中，姚营长临危不惧，带领余部同日军展开巷战，直至全营官兵全部壮烈牺牲，宝山城才陷落，实现了姚营长"固守城垣，一息尚存，奋斗到底"的誓言。

在第9集团军方面，9月6日晨，日军在虬江码头登陆，王敬久派左翼军预备队第57师投入战斗，将登陆之敌包围在码头栈房里。次日，该股日军奋力向西北突进，企图同张华浜之敌会合，遭中国军队反击，未能得逞。

由于中国军队的顽强抵抗，日军两个师团陷于苦战之中，伤亡达4000余人，进展十分缓慢。松井石根等人屡次向东京请求增援。9月6日，东京日本陆军参谋长决定增派第9、第13、第101师团及台湾重藤支队到上海，加入上海派遣军。另外，又从华北方面军抽调了 10 个步兵大队和炮兵、工兵各一部（约 1 个混成旅团）增援上海作战。9 月 13 日，增援的日军重藤支队、第 101、第 9 师团先后到达。上海派遣军派第 101 师团配合第 3、第 11 师团进攻南翔至大场一线阵地，以重藤支队协同第 9 师团攻击罗店附近中国守军。

而中国方面因伤亡过重，被迫转为守势，9 月 12 日，陈诚第 15 集团军撤至杨家宅、永安桥、张家宅、陆福桥一线；朱绍良第 9 集团军撤至北站、江湾、庙行、蕴藻滨南岸一线。同时，蒋介石继续调集部队到上海增援，除了李玉堂第 3 师、李延年第 9 师、俞济时第 58 师、王耀武第 51 师等中央军嫡系外，又从广西调来廖磊第 21 集团军，从广东调来吴奇伟、叶肇、邓龙光 3 个军，从湖南调来王东原军等等，共计 20 个师，并于 21 日调整部署：右翼军司令官张发奎，辖第 8、第 10 集团军共约 9 个师；中央军司令官朱绍良，辖第 9、第 21 集团军约 18 个师；左翼军司令官陈诚，辖第 15、第 19 集团军约 20 个师。

23 日拂晓，日军出动 2 个联队向左翼军第 66 军陆福桥至杨家桥间阵地发起进攻，呈胶着状态。25 日，日军增加到两个师团，并于 30 日攻破陆宅防线，左翼军退往第二线阵地。

10 月 5 日，日军改变了侧翼包围的战术，改为中央突破，集中第 9、第 13 师团兵力猛攻蕴藻滨，于 10 月 8 日强渡黄浦江，击败了守军第 8、第 61 师及税警总团，前锋直插大场、南翔，企图截断中央军的退路，将中国精锐之师全数歼灭。

第 3 战区急调廖磊第 21 集团军增援，以 6 个师兵力在徐行广福前线开展大规模反攻。但日军已有准备，军舰、坦克、重炮、机枪严阵以待，21 日晨进攻开始，新近上阵的桂军官兵端起步枪，挺着身体向敌阵勇敢冲锋，日军等桂军士兵冲到阵前，即用猛烈炮火前后封锁，加以机枪扫射，桂军士兵一片一片地倒在血泊之中。仅一天下来，第 21 集团军损失惨重。

次日，日军主力向廖磊集团军实施反攻，相持 2 日，守军最终撤退。日军的主攻方向便指向大场，朱耀华第 18 师苦战一天，阵地被毁，25 日大场失守，师长朱耀华愤而自杀殉国。大场失守，使中央军四面受敌，退路有被截断的危险，遂于 26 日放弃北站至江湾间阵地，向苏州河南岸转移。为掩护主力转移，第 88 师第 524 团一营官兵在副团长谢晋元指挥下，坚守闸北四行仓库，孤军奋战阻敌，给日军以重大杀伤。

大场失陷后，陈诚等人曾向蒋介石建议，应从长期抗战考虑，保全部队战斗力，有秩序地退守吴福线，锡澄线，保卫南京安全。但蒋介石认为国际联盟及九国公约会议将于 11 月 3 日在布鲁塞尔召开，守住沪西、南市，可壮国际视听，因而亲临南翔召开军事会议，要求各部队再坚持两个星期，以便在国际上获得同情与支持。遂令以胡宗南第 17 军团、桂永清教导总队、第 61 师、第 67 师等部队为主力，固守沪西地区，以张发奎任总指挥。

淞沪抗战从 8 月中旬开展以来，已有两个多月，在中国军队的英勇抗击之下，日军虽增援达 6 个师团，且在武器装备上占有很大优势，但仍不能解决战局。日军每前进一步都要付出重大代价，这对于日军速战速决的战略来说，无疑是一个沉重打击。日本统帅部 10 月 20 日决定从华北抽调第 6、第 18、第 114 师团、国崎支队、第一、第二后备步兵联队以及野战重炮兵第 6 旅团、独立山炮第 2 联队等组成第 10 军，由海路南下，在杭州湾登陆，协助上海派遣军作战。10 月 30 日又命令第 16 师团加入上海派遣军战斗序列。这样，上海方面日军总兵力已达 11 个师团，加上海军两个舰队。

日军选定的登陆地点是杭州湾北部乍浦至金山卫海岸，这里近岸水深 10 公尺以上，是淞沪地区最良好的登陆场所。日军的战略意图是从西南包抄淞沪地区中国守军，聚而围歼之。中国方面曾以张发奎率第 8 集团军 4 个半师在此设防，后因上海方面战事扩大，第 8 集团军调往浦东作战，以致这里几十公里长的海岸线仅由不足一个师的兵力防守。

11 月 5 日拂晓，日军舰炮齐鸣，打破了杭州湾的沉静，登陆艇满载着步兵、坦克和重炮，驶向海岸。日军的登陆行动是在金山卫、全公亭、金丝娘桥、金山嘴、漕泾等处同时进行的，区区几个连的中国守军，如何能够阻止 3 个师团日军如此大规模的登陆行动？等第 3 战区司令部获悉日军登陆消息，急派 4 个师南下阻击时，日军前锋当晚已抵达金山县城、松隐镇、亭林镇一线。7 日，日军击退了第 62、第 79 师发起的进攻，主力推进至黄浦江右岸地区。同日，日参谋本部将上海派遣军与第 10 军合编成华中方面军，以松井石根大将任司令官。8 日，第 10 军主力渡过黄浦江，攻占了松江城，切断了沪杭铁路。

在淞沪方面，日军第 3、第 9 师团先后强渡苏州河，第 11 师团攻占了南翔附近江桥镇，威胁中国军队侧背。

在此腹背受敌的情况下，兼任第 3 战区司令长官的蒋介石于 8 日晚匆忙决定全线退却，向吴县、福山一线国防阵地转移。撤退的命令下达后，右翼军陷入极度混乱之中，有的部队奉命坚持阵地以掩护大军撤退，这时也率先退却。另外撤退路线也未作明确规定，所有部队均拥挤在公路上，日军飞机一来轰炸，乱成一团，致使各级指挥官失去了对各自部队的控制。有计划的撤退变成了一场无秩序的溃退，因此不能有效地利用固有阵地节节抗敌。

13 日，日军第 16 师团又在海门县对岸的白茆口、浒浦口附近登陆，并于 14 日向福山、常熟之线发动进攻。左翼军第 21 集团军掩护部队遂放弃了昆山，撤往常熟。日军于 19 日向吴福线守军发动攻击，由于中国军队仓促退却，士气低落，部队已完全脱离了掌握，吴福线国防工事又因无人指引，或找不到钥匙而无法利用，致使日军当日便攻陷了常熟、莫城和苏州。中国军队向锡澄线退却。

无锡至江阴（澄）间也筑有现代化国防工事，且为保卫南京的最后一道坚固防线，蒋介石下令，无论如何也要死守这条防线。但是兵败如山倒，溃败之势已无法挽回，25 日，无锡失守，中国军队放弃锡澄线，分路向南京和宜兴退却。唯有江阴方面的抗战异常激烈。

从 8 月 16 日起，日军飞机就对江阴附近的中国海军进行了袭击，英勇的海军战士坚守在军舰上，以寥寥的高射炮和高射机枪击退了日军飞机的一次又一次进攻。一直坚持到 10 月 28 日，先后有平海、宁海、应瑞、逸仙、楚有、建康、青天、湖鹏、湖鹗等十几艘舰艇弹竭船损，沉没江中。10 月 29 日，海军决定退守长江两岸，以舰载重炮组成海军炮队，继续担负守卫封锁线的任务。他们将剩余各舰的重炮拆卸下来，安装在江阴要塞等地，增强了要塞守备队的火力。当日军舰艇沿江而上，企图清除江阴水面的障碍物时，遭到要塞炮兵的猛烈反击，被击沉两艘，击伤 10 余艘。

无锡、常州失陷后，日军第 13 师团及集成骑兵队从三路围攻江阴。12月1日江阴县城失守，一万余名将士依然坚守要塞，直到12月3日，守军才从江上乘船退守镇江。留下来的一团官兵又苦战6天，全部壮烈牺牲，江阴要塞最终沦于敌手。然而，日本海军却无法通过江阴江面。

日本华中派遣军司令官见中国军队战斗意志极弱，从而判定南京政府无法调集大军像淞沪战役那样顽强地保卫南京，因而决定"不失时机地一举占领南京"。其上海派遣军以3个师团沿京沪铁路西进，另2个师团由金坛直扑南京；第10军以1个师团沿宜兴、溧阳、溧水公路前进，以2个师团进攻芜湖，切断南京中国军队退路，另命国崎支队从太平渡过长江，企图攻占浦口，截断中国军队江北的退路。

中国军队在吴福线、锡澄线两道国防线的败退，使南京完全暴露在日军的炮口之下。蒋介石一方面决定迁都重庆，另一方面于11月中旬连续3天召开最高国防会议，就要不要防守南京展开讨论。绝大多数高级将领认为，日军由京杭国道、京沪铁路和长江进逼南京，来势凶猛，南京地形又不易防守，加以中国军队新遭败绩，士气沮丧，战斗力薄弱，从长期抗战考虑，不宜固守南京。唐生智独持异议，坚主固守南京，并得到蒋介石的支持。11月24日，唐生智被任命为南京卫戍司令长官，罗卓英、刘兴为副司令长官，并调集了桂永清教导总队、宋希濂第78军、王敬久第71军、孙元良第72军、叶肇第66军、俞济时第74军，邓龙光第83军、徐源泉第2军团等部共计12个师约10万人为南京守卫部队。不过，这些部队大多数是由淞沪战场上退下来的，尽管大部是中央陆军的精锐之师，但大半是刚刚补充的新兵，其素质、装备均已不可同日而语矣。

南京地区的国防工事在抗战爆发前就已构筑完成，分为外围阵地与复廓阵地。外围阵地在乌龙山、栖霞山、青龙山、淳化镇、牛首山、大胜关一线，两翼依托长江天堑，形成一条弧线阵地，并以东南为主要防御方向，当时由第2军团、第66、第74军防守。复廓阵地以南京城墙为内廓，以紫金山、麒麟门、雨花台、下关、幕府山要塞炮台一线为环城外廓阵地，当时派第36、第87、第88师及教导总队等部防守。唐生智就职后，向新闻界表示了"誓与南京共存亡"的决心，并让交通部长撤去下关到浦口之间的轮渡船只，严禁任何部队渡江。蒋介石也率高级将领视察了复廓阵地，并于12月4日召集卫戍部队师以上将领开会，训示官兵抱定与南京共存亡的决心。

蒋介石于12月5日乘飞机离开南京，当晚，日军第16师团3个联队便向句容进攻。次日，湖熟、汤山、龙潭、淳化、紫金山等阵地均遭攻击。至8日，淳化、牛首山、秣陵关等地均告失守，唐生智当晚下令各部队退守复廓阵地。

9日拂晓，日军一部在10余辆坦克掩护下，利用第51师和第87师交换阵地之机，突进至光华门外大校场、通光营房。此时，光华门仅有教导总队少数守兵，他们赶紧关闭城门。日军以山炮向光华门轰击，不久便轰毁两处，一小股日军冲入门内，但立即被守军歼灭，守军堵上缺口，旋即又被轰垮。直到第87师后续部队赶到，方将大校场日军击退，但盘踞在通光营房内的日军却固守待援。

同日，日本飞机向城内空投松井石根要求唐生智投降的最后通牒。卫戍司令长官部向各部队发出"应与阵地共存亡……不许轻弃寸地，动摇全军"的命令。

10 日午时，日军总攻开始。第 114、第 6 师团向雨花台、通济门、光华门、紫金山第 3 峰等处同时进攻。光华门又被日军两次突破，但冲入城内的百名日军悉数被歼。唐生智命第 156 师前往通济门、光华门增援，当夜第 156 师派敢死队坠入城外，将潜伏在通光营房及城门洞内的日军全部消灭，光华门、通济门方面的险情才得以缓解。

11、12 两日，最激烈的战斗在雨花台、中华门和紫金山。12 日，第 88 师雨花台主阵地被日军攻陷，中日军队在中华门城墙展开了争夺战，中华门被日军重炮轰塌几处缺口，日军蜂拥而入，孙元良率残部 2000 余人向下关方向溃逃，企图渡江，又被把守挹江门的第 36 师所阻止。同日，日军逼近中山门，紫金山第 2 峰也告失守。

12 日傍晚，蒋介石电令唐生智"如情势不能久持时，可相机撤退"，唐生智遂召集各部队长官开会，做出了各部队分路突围的决定。规定除第 36 师负责掩护长官公署及直属部队渡江后才继续渡江外，其余部队一律向城郊各处突围。然而，除第 66、第 83 军遵照命令，当夜分由紫金山北麓和栖霞山附近突围成功外，其余部队均不顾军令，涌向长江边，竞相争渡，互不相让，一片混乱。下关至浦口的两艘较大渡轮已撤往汉口，仅剩数艘小火轮及 200 余条帆船。船少人多，秩序全无，大家争先恐后，许多帆船因载客过重而在江心沉没。许多士兵同部队失联，徘徊南京街头，最后只得向南京安全区国际委员会交出武器，请求收容保护。

12 月 13 日，日军进入了南京城，伴随而来的是一场震惊世界的惨绝人寰的大屠杀。日军是从雨花台、光华门、中华门三路侵入城内的，同时，国崎支队占领了浦口，第 16 师团一部突入下关，切断了中国军队退路。当时，城内的中国军队早已溃散，失去了战斗力，满是伤兵、散兵。但日军仍以消灭抵抗为借口，把城内难民作为攻击的目标，用机枪、步枪、手枪和刺刀疯狂屠杀手无寸铁的中国人。马路街巷之内顿时血肉狼藉，尸体纵横。14日，日军大部队涌入城内，继续搜杀街巷中的难民。日军又于当日下午打开挹江门、和平门，杀向江边。当时下关火车站和中山码头聚集着10余万准备逃难的难民，日军用机枪扫射，并投掷手榴弹，成千上万的人当场中弹身亡，大批人被迫跳入江水之中，不是淹死，就是被岸上的日本陆军或江面上的日本海军打死。鲜血染红了江水，尸体浮满了江面。短短两天之内，就有数万停止抵抗的中国军民惨死在这里。

日军还对南京城内成年男子进行了有组织的集体大屠杀。15日，2000余名俘虏被日军押到中华门外用机枪扫射后，又举火焚尸。同日傍晚，5000余名难民被押往中山码头，日军用机枪扫射后，又弃尸江中。同样的屠杀也在鱼雷营、雨花台、水西门外、上元门、和记公司等处同时进行。16日，在下关的煤炭港，数万名青壮年男子被集体枪杀，血水把江面染得赤红。18日夜间，日军将囚禁在幕府山的军民5.7万余人，用铅丝捆扎，驱集到下关草鞋峡，先用机枪扫射，然后用刺刀乱戳，最后浇上煤油，焚尸以毁灭罪证。据战后远东国际军事法庭调查统计，在这次大屠杀中死于非命的中国军民在20万人以上。但这一数字并没有将被日军烧弃的尸体，和投入长江或以其它方式处理的人计算在内。而据1946年2月在南京成立的国防部审判战犯军事法庭认定，侵华日军南京大屠杀的人数不低于34万。

日军在南京大肆屠杀的同时，还丧心病狂地奸淫妇女。据远东

日军占领南京后大肆屠杀中国战俘

国际军事法庭调查，在日军占领南京的一个月中，至少发生 2 万起强奸事件。从第 6 师团长谷寿夫中将到普通士兵，不分昼夜，不择地点，肆意强奸、轮奸中国妇女，甚至连老人和女童也不放过。许多妇女被强暴之后，竟遭残杀，裸尸街头，惨不忍睹。

此外，日军还进行了大规模抢劫、焚烧和破坏。他们开着汽车，将各大公司、商店里的货物洗劫一空，然后将房屋付之一炬；他们三五成群，挨门逐户搜索居民住宅，见到值钱的东西就据为己有；他们抢走了龙蟠里图书馆珍藏的大宗图书，朝天宫里埋藏的珍贵文物，寺庙里的大钟铁鼎。在日军占领南京的最初几个月中，到处是断壁残垣，尸横遍野。浩劫之下，昔日街市繁华、人口稠密的中国首都，在已灭绝人性的战争刽子手的魔爪之下，血流成河，变成了一座满目凄凉的人间地狱。

五

"皇军" 也吃了败仗

　　淞沪地区沦陷后，徐州的战略地位便更加突出。中国军队控制着徐州，北可以威胁平津，南可以进逼京沪，而且确保了郑州和平汉铁路南段的侧背安全。日军则企图使南北两方面军在此会合后，沿陇海铁路西进，利用中州平坦地势，发挥其机械化部队的威力，消灭郑州、武汉间中国军队主力，一举攻占武汉。

　　所以，国民政府军事委员会和第 5 战区司令长官部在制定保卫徐州的作战计划时，其要旨就是要利用黄河和淮河，分别遏住日军在北、南两面的攻势。战区给山东省主席韩复榘的命令是：第 3 集团军应以主力固守黄河两岸，置重点于济南及其以西地区。如受敌压迫，不得已时可向南逐次撤退，占领要点，利用鲁中山地，迟滞日军南进。当时韩复榘的第 3 集团军拥有正规军 5 个师、1 个手枪旅、1 个重炮旅、2 个山炮团、一个重迫击炮团，加上由正规军改编的保安队，共有近 10 万人，完全可能利用黄河、泰山、沂山、蒙山等天然障碍，阻截日军的进攻势头。

　　然而，韩复榘却根本不愿意全力抗战。蒋介石命令韩复榘应以

国民革命军以高射机枪扫射空袭南京的日军飞机

重兵坚守黄河北岸，韩复榘却认为决开北岸黄河大堤，水淹日军才是上策，他的主力一直部署在南岸。11 月 8 日，日军第 10 师团和第 109 师团的本川旅团兵分两路向黄河推进，至 13 日，连陷庆云、乐陵、惠民、济阳、临邑、禹城等县市。日军围攻济阳时，韩复榘正在该城视察，多亏手枪旅 1 个团的拼命抵抗，才使韩本人骑摩托车逃回济南。此次遭遇战使韩复榘闻日（本）色变，立刻下令部队撤往南岸，并炸毁了黄河铁桥。

12 月 23 日晚，日军乘坐小汽船强渡黄河，其中门台子、石家圈两处各渡过二三百人。韩复榘闻报后说："日军过了黄河，我们没有大炮是挡不住的。"而此时他的 4 个炮兵团早已撤到了泰安和大汶口一线。24 日，韩复榘乘钢甲列车逃往泰安。主帅一逃，守河各部队亦纷纷后撤，济南于 27 日被日军占领。济南失守后，蒋介石、李宗仁皆连电韩复榘，令其将主力部署在泰安至临沂一带，纵深配备，利用鲁中山地，坚守泰安。韩复榘复电说："南京失守，何守泰安?"于 12 月 31 日又下令放弃泰安，所部几个师分别退往大汶口、泗水、宁阳。由于韩复榘不战而退，日军得以长驱直入，至 1938 年 1 月 4 日，日军分别占领了兖州、曲阜、蒙阴以北的鲁中大部地区，并威胁运河防线。运河一失，不仅鲁省西部地区全陷，而且陇海线就有被切断的危险，徐州、郑州皆受威胁。蒋介石已电斥韩军"见敌即退，轻弃守土"，令其"死守运河西岸及汶上、济宁据点"，以尽守土之责。李宗仁给韩复榘的电报，则用了恳求的语气，请他务必指挥军队固守汶、济，并派川军邓锡侯、孙震部开赴邹县附近予以支援。但是韩复榘无意坚守运河防线，主力退往成武、单县、曹县一带。不久，运河前方最重要据点汶上、济宁皆被日军攻破。

88

在不到 20 天的时间内，韩复榘畏敌抗令，一退数百里，轻易丢失了黄河、济南、泰安、兖州乃至运河防线。日军一个半师团不费吹灰之力便侵占了大半个山东，打乱了第五战区的作战部署，使津浦路北段大门洞开，徐州和陇海线暴露在日军的直接攻击之下，给中国抗战带来了极大损害。1 月 11 日，韩复榘在河南开封出席军事会议时，被蒋介石以作战不力、抗不遵命的罪名逮捕，随即押往武汉，由何应钦、鹿钟麟、何成浚等人进行军法审判。1 月 24 日，韩复榘在武汉被枪决。

从 1937 年 12 月下旬以来，华北方面军多次向日本军部提出进行徐州作战的请求，并于 1 月底在华中日军的配合下，从南北三路夹击徐州。

南路日军为华中方面军荻州立兵第 13 师团。该部日军于 1937 年 12 月下旬渡江北上，至翌年 1 月下旬，连陷滁县、明光、池河、藕塘一线。1 月 25 日，日军利用飞机、大炮的掩护，冒雪强渡池河，至黄昏，击破了刘士毅第 31 军在池河西岸的防线，至 2 月 4 日，先后攻陷蚌埠、定远、怀远、临淮关、凤阳，并准备强渡淮河。

蚌埠失守后，中国军队全部撤到淮河北岸，并炸毁了淮河铁路大桥，淮河阻击战就此展开。守军为于学忠第 51 军两个师，分别驻守在临淮关至小蚌埠间几十公里河岸，战线太长，兵力薄弱，装备低劣，但全军官兵以顽强的斗志，抵御住了日军的强攻。

小蚌埠方面的战斗最为激烈。这里河面狭窄，日军 500 余人，企图以该地为突破口。2 月 8 日晚，日军先以大炮猛轰北岸阵地，炮弹中夹有燃烧弹，守军阵地成为一片火海，然后，日军利用蚌埠船坞中的船只，在船头架好机枪向北岸进攻。第 113 师窦光殿旅沉着应战，待日军渡至河中心时，一齐开火，击毙日军 250 余人，并派出敢死队，同登上北岸的一部日军展开白刃战，将之悉数歼灭。10 日拂晓，日军又以步兵千余人强渡淮河，窦光殿旅陷入了苦战，双方几千人混杂在一起，反复争夺小蚌埠阵地。守军团长张儒彬身先士卒，决心同阵地共存亡，全团官兵高唱义勇军进行曲冲向敌人，奋力杀敌，张团长身负重伤。小蚌埠阵地终于失守了。

在临淮关，日军 3000 余人由晏公庙一线渡过淮河，第 114 师在前板子、王庄阵地同日军展开激战，该师一度夺回失去的阵地，但因日军增加一个联队，守军伤亡 2000 余人，被迫于 12 日向浍河、漖河北岸退却。

李宗仁命令张自忠率第 59 军昼夜兼程赶来，增援于学忠军。张自忠军于 13 日到达淮河流域，部署在瓦疃集、固镇、蒙城一线，接替第 51 军战斗。同时，李宗仁又采纳了周恩来的建议，命令廖磊第 21 集团军袭击津浦线日军侧背。2 月 11 日，第 31 军第 138 师攻占上窑日军据点，歼敌数百人，并于 12 日收复武店、考城，威胁蚌埠。第 131 师联合当地红枪会，进攻怀远、凤阳之线；周祖晃第 7 军则向池河、定远日军展开侧击。日军不得不从淮河北岸抽调主力 6000 余人增援考城、上窑、池河、定远一线地区。

当日军回援淮南之时，第 59 军乘机向日军实施反攻，这是张自忠在"七七事变"后重任第 59 军军长以来指挥的第一仗，他训令全军官兵"奋勇向前，不准后退"，率军向日军占领的淮河北岸各据点猛冲，打得日军抱头鼠窜，先后收复了怀远、小蚌埠等地。日军因腹背受敌，无力再向北攻，乃全部退回淮河南岸，沿邵伯、天长、盱眙、临淮关、蚌埠、怀远之线与淮河北岸中国军队形成对峙。至此，日军南路受阻，南北夹击徐州的计划无法实现。

北路日军兵分两路，矶谷廉介第 10 师团沿津浦铁路正面攻击南下，板垣征四郎第 5 师团则由青岛沿胶济路西进，在潍县南下，试图夺取鲁南要地临沂，从东路包抄徐州。

第 5 师团装备精良，号称日本的"铁军"，以善打硬仗著称，下辖两个旅团约 2.5 万人。师团长板垣征四郎是日军界少壮派侵华中坚分子。2 月 21 日，第 21 旅团长坂本顺率 3 个步兵联队，一个炮兵联队，1 个骑兵大队以及辎重、工兵部队约 2 万人，向临沂突进，连陷诸城、莒县、沂水，于 3 月 5 日到达临沂以北之汤头镇、白塔、尤家庄一带。3 月 10 日，日军约八九千人，在战车 20 余辆、大炮 30 余门、飞机 10 余架掩护下，向临沂猛攻。

临沂守军名义上是庞炳勋军团，实际仅有 5 个团，以及从青岛撤退的海军陆战队，约 1.5 万人。面对日军的狂轰滥炸，庞炳勋部伤亡惨重，连电告急。李宗仁即令张自忠率 59 军从藤县附近乘车南下，紧急驰援临沂。张自忠军辖两师五旅，约 3 万人，该军 11 日下午在峄县以强行军的速度向临沂疾进，90 公里的路程，第 59 军只用了一天一夜便进抵临沂城西郊。

张自忠并没有率军投入临沂的正面防御，而是从日军侧背发动攻击。14 日拂晓，该军以主力分由船流、钓鱼台、前安静村、小姜庄附近强渡沂河，向板垣师团右侧背发起强攻。第 180 师在亭子头遭到一股日军的顽强抵抗。第 38 师以一部攻克白塔、汤佛崖，但日军 600 余人在飞机、坦克、大炮的掩护下拼命反击，该师被迫退回沂河西岸。同时，庞炳勋部亦由正面向日军反攻，其右翼占领相公庄，并向青墩寺、尤家庄一线进攻。张、庞两部的反攻颇为顺利，至 15 日，已攻占了亭子头、沙岭、东西沙庄、柳行头以南之线，日军伤亡惨重，向东西水湖崖撤退。

午夜时分，临沂附近一片寂静，就在此时，日军千余人由沙岭子以北悄悄渡过了沂河，占领了毛官庄对面河西渡口，并向第 59 军后方阵地发动猛攻，张自忠急令第 38 师渡河部队主力撤回沂河西岸阻击日军。

16 日，日军增至 5000 余人，由汤佛崖渡河，向第 59 军石家屯东南至大安子、崖头、刘家湖、钓鱼台之线阵地猛攻，日军出动了轰炸机 20 余架，坦克 10 余辆、步炮、野炮 40 余门。整个河西地区烟焰弥漫，炮声震天。黄维纲第 38 师伤亡惨重，防御阵地亦被密集的炮火摧毁，当夜崖头、刘家湖、茶叶山阵地先后失守。

张自忠杀得性起，调集全军兵力，于 16 日夜发动反攻，军、师所有山炮、野炮及重迫击炮全部备足炮弹，开往前线。是日夜，愤怒的炮弹带着啸声倾泻在日军阵地上，炸得日军鬼哭狼嚎，东逃西窜。第 59 军官兵向盘踞在刘家湖、茶叶山、小苗家庄、船流等 10 余个村庄的日军发起猛攻，日军抵挡不住，纷纷溃逃，遗尸遍野，残敌在汤头、白塔一线顽抗。同日，庞军团也发动攻势，激战一昼夜，先后占领尤家庄、傅家屯、东西水湖崖、沙岭一线。18 日，张、庞两军又从东、南、西三面夹击汤头、王疃、傅家池、草坡附近日军，经过 3 天血战，先后攻克李家五湖、辇沂庄、车庄、前湖崖，日军被完全击溃，残敌大部向莒县逃窜，一部仍在汤头固守待援。临沂战斗，张、庞两军共伤亡 3000 余人，打死打伤日军 3000 人左右，其中包括第 11 联队长长野裕一郎大佐、第 3 大队长牟田中佐。临沂保卫战的胜利，使日军第 5 师团主力始终不能按预定计划与第

10 师团会合于台儿庄，斩断了日军南下的左臂。造成矶谷师团孤军深入台儿庄，处于劣境。

津浦路正面日军为第 10 师团，亦是日军劲旅，师团长矶谷廉介和板垣征四郎是同学，也是侵华的急先锋。该师团倚仗着精良的装备，非常猖狂，认为中国军队不堪一击，攻占徐州易如反掌，便沿津浦路向南突进。

面对这支强悍敌军的则是中国军队中装备最差、战斗力最弱的川军第 22 集团军。这支部队没有骑兵和炮兵，步枪口径不一，长短不齐，大部分是单响或三响钩的，经常卡壳。轻、重机枪也是四川土造的，射程短，杀伤力有限。然而，川军将士靠着报效祖国的英勇气概，凭借着这些简陋的武器，在藤县同武装到牙齿的日军展开殊死搏斗，谱写了一曲悲壮的战歌。

3 月 14 日拂晓，第 10 师团第 33 旅团长濑谷启率步、骑兵万余人，配备大炮 20 余门，坦克 20 余辆，在 30 多架飞机掩护下，向藤县以北第 22 集团军阵地发起全线进攻。至 15 日，第 45 军界河阵地被日军团团包围，一股日军约 3000 余人则绕过龙山直扑藤县，向北沙河第 41 军第 122 师阵地猛攻。第 22 集团军总司令孙震急令该师师长王铭章固守藤县 3 天，等待汤恩伯军团的增援。其时藤县仅有守军两个营，王铭章急令第 366 旅由太平邑赶赴藤县增援，但该旅在城头村附近受到日军拦截，仅有一个营冲入县城。这样，守城军队共有 10 个步兵连和 1 个迫击炮连，4 个警卫连以及警察与保安部队，不到 3000 人。

16 日晨，日军步骑约 5000 人逼近藤县东郊，以重炮 8 门向东关猛轰，敌机亦向藤县投掷炸弹。顿时，藤县内外一片硝烟，城东关寨墙被炸开了一条 2 米宽的缺口，日军集中数十挺轻重机枪，对准缺口猛烈射击，掩护步兵进攻。弥漫的硝烟还未散尽，几十名日本兵已跳入守军阵地，战士们用集束手榴弹投向敌人，炸得日军尸肉横飞。守军用几包粮食和食盐，填补缺口，修复工事，稳固了阵地。这一天，第 122 师官兵共击退了日军三次大规模的进攻。王铭章下令将南北城门堵死，没有他的手令，任何人不许出城，显示了与藤县县城共存亡的决心。

16 日，日军由藤县附近分两路继续南下，第 45 军各部被迫退往临城、韩庄一线，藤县已被团团包围，城外的第 124 师及第 122 师两个营均撤往县城固守。不可一世的矾谷廉介，没想到竟在藤县碰上了川军这根硬钉子，不禁恼羞成怒，连夜调集了 40 余辆战车和 70 余门大炮，近万日军将该城围得水泄不通。

17 日凌晨，日军由城南、城东同时攻城，炮弹密如急雨，东关城墙被轰塌数处，南城墙也被打开一条丈余宽的缺口，日军士兵在坦克掩护下，朝缺口冲过来。王铭章及各旅、团长率部分头堵击。激烈的战斗一直持续到傍晚，守军击退了日军无数次进攻，寨墙被炮弹炸得犹如锯齿，东关已被夷成平地，残垣断壁和砖石上沾满了战士们的血肉，到处是身首异处的尸骨。守军伤亡惨重，守备东关的团长王麟已为国捐躯，旅长吕康等也负重伤，东关已经失守。王铭章决心与藤县共存亡，毅然砸毁电台，将指挥部移往城中，并亲率所部与敌展开巷战。在反攻西关时，王铭章腹部中弹，趔趄倒地，仍然高喊："抵住！抵住！死守藤县！"又一阵密集的枪弹射来，他的身上又中数弹。王铭章自知危城难守，性命难保，决心以身殉国，乃高呼"中华民国万岁！抗战到底！"遂用手枪自尽。他的参谋长赵渭滨、第124师参谋长邹慕陶以及随从十余人，也同时为国捐躯。王师长殉国的消息传来，受重伤的几百名士兵都以他为榜样，拉响了手榴弹，全部壮烈牺牲。

18日凌晨，藤县陷落，守军仅第124师副师长税梯青率数百人突出重围，伤亡达5000余人。不过，进犯的日军第10师团死伤亦达2000人左右。藤县虽失守，但王铭章部坚守两昼夜，为汤恩伯、孙连仲部在台儿庄一线的部署赢得了宝贵的时间。

台儿庄位于徐州东北30公里的大运河北岸，北连津浦路，南接陇海线，战略地位十分重要。日军如攻下台儿庄，既可南下赵墩沿铁路西进，攻取徐州，又可北上策应板垣师团，断张自忠、庞炳勋各军后路。在进攻藤县之时，濑谷支队主力已于17日攻陷临城，18日又兵分两路，直扑韩庄、峄县。蒋介石于15日急令在河南商丘、安徽亳县休整的嫡系部队第20军团开赴徐州作战。军团长是汤恩伯，下辖3个军5个师及1个独立骑兵团，该军团装备精良，配有重炮、野炮和战车，营以上军官绝大多数是黄埔学生，但由于路途较远，仅有先头部队抵达藤、临、峄地区。日军恃其炮、空和机械化军队协同作战的威力，很快攻陷枣庄、韩庄、峄县，并企图由韩庄渡过运河，直捣徐州，但汤军团关麟征第52军郑洞国师已在利国驿至涧头集之线布防，挡住了日军攻势。同时，由于板垣师团坂本支队在临沂受阻，无法按期南下，矶谷师团主力乃东移，向台儿庄突进。其时，孙连仲第2集团军主力已由郑州、洛阳赶赴台儿庄，他的悍将第31师师长池峰城率部已在台儿庄内外挖掘战壕，构筑工事。同时，汤军团主力已渡过运河，在兰陵、向城一线集结、迂回。李宗仁的作战意图是：第2集团军坚守台儿庄，第20军团由东向西侧击，将日军压迫至微山湖畔歼灭之。

3 月 23 日，台儿庄战役打响了，峄县之敌千余人在重炮 8 门、坦克 10 余辆掩护下，向台儿庄搜索前进，被池师与第 27 师一部歼灭过半。翌日晨，孙连仲将军赶至台儿庄运河南岸的韩家寺设置司令部，命第 31 师康法如旅在东西门布防。果然，上午 8 时许，9 架日本轰炸机飞临台儿庄上空，向台儿庄及附近村寨倾注下了几十枚炸弹，台儿庄顿成一片火海。接着，日军大炮轰鸣，炮弹带着啸声飞落在庄内外，火光冲天，房坍城塌，烟火笼罩。然后，端着机枪、步枪的日军士兵跟在坦克后向镇里冲来。守卫在村寨、壕沟里的第 31 师将士用机枪、步枪和手榴弹痛击日军。下午，一股日军冲入缺口，团长王震亲率几百人冲入敌群，展开肉搏战，同日军杀成一团。池师长急调一团人马由南洛袭击敌军侧背，终将日军击溃，并收复了刘家湖。

24 日夜，第 5 战区派来驰援台儿庄的 1 个炮兵营赶到了，在运河南岸设置阵地。26 日，日军进攻台儿庄的部队已达 3000 余人，并补充了重炮、坦克和弹药。日军又进攻了，面对敌人强大的炮火与坦克，第 2 集团军士兵喊出了"以我们的肉弹和鲜血，战胜日寇的铁弹和坦克"的悲壮口号。

在 4 辆八九式中型坦克的掩护下，几百名日军向第 81 旅反扑过来。81 旅士兵用机枪和手榴弹阻击日军。可是日军的坦克在枪林弹雨中安然无恙地向守军逼近。一个士兵将十几个手榴弹挂在身上，跃出战壕，隐蔽在弹坑里，待日军坦克接近时，猛然拉响了身上的手榴弹，随着"轰"的一声巨响，日军的坦克终于不动了，燃起熊熊烈焰。

战火中的台儿庄

日军的坦克又冲过来了，两个士兵跃出战壕，迂回着接近坦克。坦克中的日军发现了他俩，开着坦克朝它们直压过来。他俩机警地躺在一条小沟里，坦克从上面压过去、压过来，对他俩无可奈何。等坦克刚开过去，他俩一跃而起，跳上坦克，一个奋力揭开车顶上的盖子，一个迅速往里塞进手榴弹，轰的一声，坦克又成了一堆废铁。

英勇的中国士兵就是这样以自己的血肉之躯同装备现代化的日军搏斗着，格杀着。

日军又被中国军队杀得丢盔弃甲，狼狈而逃。旅团长濑谷气得对第 63 联队长福荣大佐吼道："无论如何得拿下台儿庄，拿下它。"并再次增派 1 个大队组成攻坚部队，由福荣率领，直扑台儿庄。

26 日晚，中国野战重炮团以及杜聿明部的战车防御炮营和铁甲车中队先后开抵台儿庄，10 余门重榴弹炮均是德国制造的，最大射程为 1.5 万米，威力超过日军的重炮。战车防御炮每分钟可连续发射穿甲弹 20 发，穿透力特强。这些使中国守军的火力大大加强。

27 日，日军再兴攻势，几十门大炮向庄内猛轰，但我军重炮齐鸣，打得日军炮兵阵地人仰马翻，有效抑制了日军炮火。9 辆坦克掩护几百名日军士兵向守军阵地扑过来。日军坦克恃其装甲厚炮火猛，肆无忌惮地横冲直撞。我军战防炮怒吼起来，一发发炮弹好似火龙般地窜出炮膛，前面几辆坦克当即中弹起火。突然的打击使日军坦克吓得调头鼠窜，这场战斗，中国战防炮大显神威，击毁敌坦克 6 辆。

从 25 日起，汤军团以两个军向枣、峄之敌发动攻击。关麟征军在枣庄东南的郭里集附近将日军派往临沂支援坂本旅团的沂州支队包围击破。王仲廉军攻入枣庄城西，日军约一个联队据守枣庄中兴煤矿公司大楼负隅顽抗。鉴于台儿庄方面战况紧急，李宗仁命汤恩伯放弃攻击峄、枣，主力迅速南下，先歼灭台儿庄之敌。汤恩伯于30日命关军协同孙连仲部夹击台儿庄之敌，王军主力则集结在神山一带，掩护关军侧背。

从28日起，敌我在台儿庄附近激战已达到白热化程度。日军飞机、大炮日夜轰炸，庄内几乎已是一片废墟。第2集团军与日军进行近战、肉搏战，使其战车、大炮失去威力，打退日军无数次进攻。当晚，日军300余人由城西破口冲入西北角，联合该处顽抗之敌向中国军队突击，但遭到守军炮击，并经池峰城师一部反击，战至深夜，终将日军击溃。29日，池峰城率部对盘踞在庄内的日军实行反攻，双方展开巷战，短兵相接，逐街、逐屋地进行争夺。由晨至夕，旷日持久的恶战，使第31师伤亡惨重，剩下的士兵也个个疲惫不堪。池峰城产生了撤退的念头，他拿起电话向总司令孙连仲将军反映了部队伤亡、人员疲乏的实际情况，提出撤往运河南岸休整几天。孙连仲以坚定的口吻命令道：任何人都不准退，我们应当用血肉来填敌人的炮火，先用士兵填，士兵填完了尉官填，尉官填完了校官填，校官将官都填完了我总司令来填，填完为止。池峰城感动了，决心同台儿庄共存亡，他向全师下达命令："台儿庄便是我全师官兵的坟墓，虽剩至一兵一卒，也要坚守阵地。"

濑谷见台儿庄久攻不下，又命令赤柴联队以及1个炮兵大队组成援军，驰援台儿庄的福荣联队，并亲赴前方督战。日军得到加强后，又夺取了台儿庄东半部。黄樵松第27师被迫退往运河南岸。30日上午，碧蓝天空上出现了9架银鹰，日军阵地上的东洋鬼子以为又是他们的飞机前来助战，纷纷摇晃着太阳旗。岂料飞机突然向日军阵地俯冲投弹，炸得他们哭爹叫娘，四处逃命。

守卫台儿庄的将士们又以高昂的士气投入了战斗：陈连长身中6弹，仍不下火线，最后因血流尽而牺牲；张副营长肚皮被弹片拉破，肠子流了出来，仍裹伤指挥部队反击；一战士手被日军刺刀划断，纵身抱住该日军士兵，将他耳朵咬掉，牺牲时，嘴里仍咬着敌军的耳朵。

同日晚，关麟征军开始猛攻台儿庄日军侧背，濑谷旅团已被围困。正当孙、汤两军要发动攻势聚歼该股日军时，由临沂转来的坂本旅团主力于4月1日从爱曲、向城方面进入兰陵镇，从东面侧击关军。关麟征乃以一部在作字沟阻敌，主力由作字沟迂回攻击坂本旅团，坂本急于解濑谷之围，主力向台儿庄右翼突进，复入中国军队包围圈。

4月2日，第5战区决定迅速围歼濑谷、坂本两旅团。3日，总攻开始，各兵团按照作战命令发动总攻。关麟征第52军肃清兰陵、洪山镇之敌后南下，5日抵达台儿庄东北，向日军侧背发起进攻。王仲廉第85军4日重创坂本支队，5日追击该股日军至台儿庄东北15公里之潭庄附近。周岩第75军也投入了战斗，向台儿庄东7公里的东庄发动进攻。日军腹背受攻，阵脚大乱。在台儿庄，池峰城师官兵展开巷战，用大刀奋力砍杀敌军，逐段肃清庄内之敌。第30师、第27师又攻过运河，向敌反攻。

日军终于溃败了。6日夜，濑谷旅团首先脱离战场，向峄县溃逃。坂本旅团仍在庄内顽抗了一天，但在我军围攻下，已伤亡惨重，加以后援被断，乃于当夜烧毁弹药，突出台儿庄，亦向峄县逃去。

这时，第 3 集团军的曹福林军已到达临、枣北侧地区，切断了津浦路，残敌乃凭借峄、枣附近的有利地形，固守待援。

台儿庄战役前后近一个月，日军恃其精良装备、猛烈炮火，不断向台儿庄进攻。中国守军依靠顽强的斗志，以伤亡近 2 万人的代价，击溃了日军一个半精锐师团的进攻，歼敌 1 万余人，击毁战车 10 余辆，野重炮 10 余门，取得了抗战以来我国军事上的重大胜利，打破了日军不可战胜的神话。

日军在台儿庄地区的惨败，使其清醒地认识到徐州附近集结着中国军队的主力。日军大本营决定调动更多的兵力，从南北夹击徐州。北线日军以第 16、第 114 师团、独立混成第 5 旅团等来增援第 5、第 10 师团在徐州附近对孙、汤集团实行抑留作战。另命土肥原第 14 师团从濮县附近渡过黄河，切断陇海铁路，以阻止郑州军队东援，并切断徐州守军退路。南路日军以第 13 师团、第 9 师团、第 3 师团、第 101 师团齐头并进，直逼徐州。

蒋介石也为台儿庄的局部胜利所陶醉，调来了大量精锐部队坚守徐州，使该地区集结了 64 个师又 3 个旅。同时，又将胡宗南、黄杰、桂永清、俞济时、宋希濂等中央军主力置于豫东的归德（今商丘）、兰封一线，作为徐州的后援，摆出了决战的架势，使徐州附近的总兵力达 60 万人。

然而战局的发展对中国军队不利，日军从 4 月下旬起攻势凌厉，进展顺利。5 月 12 日，吉住良辅第 9 师团攻占徐州西南的永城，其先头部队炸毁了陇海铁路上的黄口大桥，并向萧县攻击前进；5 月 17 日，中岛今朝吾第 16 师团占领丰县，并朝砀山急攻；5 月 18 日，第 10 师团攻陷沛县，其先头部队离徐州仅 6 公里。5 月 11 日，土肥原贤二第 14 师团渡过黄河，连陷郓城、鄄城、菏泽、曹县，由内黄直攻兰封（今兰考），切断了第 1、5 战区的联络。至此，日军对徐州的包围已经完成，数十万中国军队面临全军覆没的危险。中国统帅部决定放弃徐州，16 日，李宗仁命令各部队由日军兵力薄弱的西南面向豫、鄂、皖地区突围。19 日，徐州陷落。

日军在徐州未能捕捉到中国军队主力，又挥师沿陇海路西进，于是战火又烧向豫东。

日军一方面以第 16 师团直扑砀山、商丘，一方面命土肥原师团由菏泽向兰封、民权挺进，企图将中央军主力聚歼在商丘一线。

土肥原贤二，1912 年 11 月毕业于日本陆军大学，旋即被派往中国任职，一直从事侵华的特务工作，日本侵华的每次重大活动，均有他的策划，被中国人称为"土匪原"。1937 年 3 月，他在日本就任第 14 师团长，同年 8 月，率该师团来华作战，在平汉线北段攻城略地，连陷冀南、豫北地区，堪称日军精锐师团之一。徐州会战期间，该师团于 5 月 11 日夜由濮城强渡黄河后，13 日猛攻菏泽，击溃商震第 20 集团军 2 个师的阻击，并分兵两路继续南下，其中丰鸠房太郎率步兵 2 个联队，骑兵 1 个联队和炮兵 1 个半大队为右纵队，向考城挺进，企图直攻兰封；土肥原率步兵 3 个联队，炮兵 3 个联队向内黄、民权进攻。

蒋介石决定发动兰封会战，将土肥原师团消灭在兰封、内黄、民权之间。战区以李汉魂指挥第 64 军、俞济时第 74 军组成东路军，沿陇海路西进；以桂永清指挥第 27 军、宋希濂第 71 军组成西路军，向仪封、内黄之间攻击，将敌分割包围；孙桐萱第 3 集团军、商震第 20 集团军在定陶、菏泽、东明、考城附近断敌退路。21 日，中国军队从东、西、北三面夹击土肥原师团。王耀武第51师协同龙慕韩第88师攻克了内黄、人和集，日军主力6000余人向西南杨堌集、双塔集逃窜。宋希濂率第87师猛攻仪封，敌军弃寨向西南逃窜。然而，桂永清在兰封至杨堌集之间指挥4个半师，凭借豫东国防工事组成的防线却不堪一击，被日军轻易突破，桂永清竟率军向杞县退去。23日夜，龙慕韩第88师1个旅擅自撤离兰封城，致使日军不费一枪一弹占领兰封。这样，土肥原师团得以退据兰封、罗王寨、三义寨、兰封口、曲兴集、陈留口一线顽抗，第20师团则在黄河北岸予以策应。

兰封失陷，使开封、郑州面临日军威胁，陇海铁路也被切断。蒋介石任命薛岳为第1兵团总司令，指挥胡宗南、李汉魂、俞济时、宋希濂、桂永清等5个军共13个步兵师聚歼土肥原师团。总攻于25日晨开始。经过3天激战，李汉魂军攻克罗王寨，宋希濂军克复兰封城，但日军仍盘踞在曲兴集、三义寨之线，迄至5月29日，对土肥原师团的进攻仍无进展。蒋介石气得迭下手令，训斥各军长"指挥无方，行动复懦，以致士气不振，畏缩不前"。蒋介石还将丢失兰封有责的桂永清撤职查办，并枪毙了擅自退出兰封的第88师师长龙慕韩。

正当薛岳兵团准备再兴攻势时，战况发生逆变。在商丘方面，由于前线指挥官、第8军军长黄杰无视第1战区司令长官程潜要其死守商丘城的命令，率领主力罗历戎第40师、李英第24师退往柳河、开封，仅留彭林生第187师守备朱集车站和商丘城。该师从师长彭林生到旅长谢锡珍、叶赓常均贪生怕死，不战自退。29日凌晨，第16师团一部占领商丘。日军占领商丘后，即以主力沿陇海铁路直逼薛岳兵团侧背，同时，第 20 师团 5000 余人渡过黄河，加强了土肥原师团力量，向薛岳兵团发动反攻。于是，薛岳不得不抽调李汉魂和宋希濂两军赴睢县、杞县、宁陵、淮阳、太康拒敌，兰封附近 7 个师转为守势。

日军第 16 师团以 4 个联队西进，至 6 月 3 日，连陷宁陵、睢县、杞县、通许、陈留。第 14 师团 6 月 4 日重新占领兰封，并同第 16 师团一部会攻开封，6 日凌晨，开封失守。该两师团齐头并进，直趋郑州。

蒋介石决心掘开黄河大堤，以泛滥的黄河洪水来阻止日军的攻势。掘堤工作由商震负责，各派数团士兵在中牟县的赵口、郑州的花园口挖掘决口。6 月 9 日晨 6 时，花园口掘堤成功，黑色炸药将黄河大堤炸开了 10 米宽的缺口，后来又用两门平射炮向已挖薄的堤岸猛轰，将缺口打宽约 20 米，水势骤猛，咆哮而至，似万马奔腾，正好天下大雨，决口越冲越大，洪水蔓延而下，京水镇以西一片汪洋。12 日，赵口的决口亦被河水冲开，达 60 余米宽，水深丈余，浪高 3 尺，一条幅宽千余米的水龙直泻而下，在中牟同花园口水流汇合沿贾鲁河南泻，流入淮河、洪泽湖，沿运河入长江。整个黄泛区由西北至东南，长达 400 余公里，流经豫、皖、苏 3 省 44 县，造成耕地陆沉 2000 万亩，倾家荡产者 480 余万人。

黄河决堤在军事上是成功的，阻止了日军沿平汉线西进。第 14 师团 1 个混成联队附 1 个炮兵大队、一个骑兵中队，坦克 10 余辆被困在中牟附近，日军官兵顾不上辎重和马匹，纷纷逃向铁路路基，城里日兵用沙包堵塞城门。第 16 师团被洪水围困在尉氏、朱曲镇、朱仙镇一线，尉氏县水宽 30 余公里。日军中止了向郑州的进攻，并集中了所有的舟桥工兵部队，援救饥寒交迫的日军。17、18 两日，日军由铁道东撤 1 万余人，由黄河北渡7000余人。中国的空军出动了，困在水中的日军犹如笼中之鼠，束手待毙。中国军队乘势反攻，先后收复了中牟、尉氏等地。日军第 14、第 16 师团被困了一个月，才被救出。

六

"保卫大武汉"

5月20日，东京大本营作战指挥部，日军参谋总长的指挥棒指向军用地图上的中国重镇——武汉。

武汉，地处江汉平原东缘，是东南西北水陆交通的重要枢纽，不仅有长江水路联络东西，而且有平汉和粤汉铁路两大动脉贯通南北，素有九省通衢之称，战略地位十分重要。南京失守以后，南京国民政府虽迁都重庆，但政府机关大部及军事统帅部仍驻扎在武汉，这里实际上成为当时全国政治、经济、军事的中心。日本大本营认为，只要攻占武汉，占领中原，就可以迅速控制中国，从而加快战争结束的进程。

其实，早在南京失守时，蒋介石就已顾虑到武汉的安全，并拟定了保卫武汉的计划，认为"国军以确保武汉核心，持久抗战，争取最后胜利为目的，应以各战区为外廓，发动广大游击战，同时新构筑强韧阵地于湘东、鄂西、皖西、豫西各山地，配置新锐兵力，待敌深入，在新阵地与之决战。"作战的意图是"消耗敌之力量，赢得我之时间，以达到长期抗战的目的。"徐州失陷后，在国共两党的

106

领导下，全国很快掀起了"保卫大武汉"的高潮，"保卫大武汉"成为当时最为流行的口号。

中国军队要保卫武汉，坚持抗战；日本侵略者要夺取武汉，加快灭亡中国的步骤，这就构成了抗战期间中日双方战线最长、投入兵力最多、牺牲最大的一次战略决战。

古来武汉易守难攻，武汉周边湖沼密布，港海纵横，南抚洞庭，东扼鄱阳，南倚五岭山脉。东屏幕阜山及大别山，蜿蜒环抱而交于长江；北倚大别山及大洪、桐柏等山脉；西以雪峰、大娄、大巴等山脉与四川相邻，群山环绕，形成天然屏障。考虑到武汉周围地势特点，以及历史上的经验教训，日军决定以三个师团沿陇海路西进，准备以主力由豫东平原和皖北地区直逼平汉线，席卷郑州、开封，南下信阳，同预备使用于长江方面的一个军会攻武汉，计划在秋季结束战斗。这一重要情报首先由中方第七集团军傅作义将军获悉，并于6月11日迅即电告蒋介石。针对这一军事态势，国民政府军事当局经过反复讨论研究，最后确定了"守武汉而不战于武汉"的方针，即在武汉外围，通过山地湖泊的有利地形，阻击日军，在战略上，改变日军沿平汉线南下武汉的态势，吸引日军主力沿长江沿岸的既设阵地中作战。6月22日，决堤的滔滔黄水挡住了豫东日军进攻的势头，日军被迫重新调整作战路线，以主力沿长江溯江西攻，一部沿大别山麓向西挺进，战略态势向有利于中方转变，武汉防御的正面阵地由对北及东北转变为对东方向即长江一线，中方在战略上取得了主动。6月12日，日军作战先锋波田支队，在海军的掩护之下偷袭长江要塞安庆，拉开了武汉会战的序幕。

为了进攻武汉，日军大本营公布了华中派遣军的战斗序列：由

蒋介石视察参与武汉会战的部队

畑俊六大将任司令官，统一指挥第 2 军、第 11 军及直辖兵团和航空兵团。畑俊六是日军中较有名气的将领，早年毕业于陆军大学，曾任日本驻台湾军司令官、日本陆军部陆军教育总长，由于他在武汉会战中表现突出，于 1939 年回国升任陆军大臣，1941 年又调任侵华日军总司令官，一直到日军战败。在进攻武汉时期，他手下有两员猛将：第 2 军的司令官东久迩宫稔彦王和第 11 军司令官冈村宁次。东久迩宫稔彦王统率 4 个师团，主力集结在合肥附近，任务是伺机占领六安、霍山，向大别山麓进犯，直趋平汉路，攻占信阳，迂回武汉之北。冈村宁次的第 11 军辖 5 个师团和波田支队，主力集结在九江附近，任务是攻占黄梅、九江后，在瑞昌、德安一线依次集中兵力，分兵沿长江及两岸从正面进攻武汉，并切断粤汉线，迂回武汉之南。日军将主力放在长江以南地区，从北、东、东南三面分进合击包围武汉。另外，航空兵团和海军第三舰队掩护并配合陆军攻占沿江要塞。在进攻武汉的过程中，日本不断增加兵力，到后期达到 12 个师团，120 余艘舰艇，500 余架飞机，总人数达到 35 万人。

针对日军的兵力部署和进攻态势，7 月初，国民政府军事委员会发布武汉会战的指导方针，确定以长江以北的第五战区和长江以南的第九战区联合进行保卫武汉的作战。第五战区的司令长官是取得台儿庄大捷的指挥官李宗仁，下辖孙连仲的第三兵团和李品仙的第四兵团。第九战区 6 月 14 日才成立，由蒋介石的宠将陈诚任司令长官，下辖薛岳的第一兵团和张发奎的第二兵团。防御重点放在长江以南，同时确定南昌、九江、黄梅、大别山东麓向北延伸之线为第一防御地带，在此以东为游击区。萍乡、铜陵、瑞昌、广济、罗田、麻城至武胜关一线为第二防御地带。具体兵力部署为：薛岳担任南昌至德安附近鄱阳湖西岸防御，张发奎担任德安、星子到九江一线防御，孙连仲和李品仙担任长江以北、大别山东麓一线防御。另外，武汉卫戍部队担任固守武汉核心阵地的任务。会战初期，中国军队参战兵力为4个兵团，辖5个集团军共30个师。战役中不断增兵，后期达14个集团军约120个师，另有100余架飞机和40多艘军舰参战，共约110万兵力。

武汉会战在长江南岸和北岸同时展开，交错进行。在江南第九战区，战线主要集中在鄱阳湖以西沿南浔路（即南昌至九江）和瑞武公路一线。日军以冈村宁次第11军的4个师团及近卫师团一部，配合波田支队、兵舰80余艘、飞机数十架，水陆空遥相呼应，自安庆，而马垱，而湖口，直逼九江，企图再由九江南下，略德安，攻南昌，趋长沙，而后截断粤汉路，完成对武汉的战略包围。

6月12日，波田支队占领安庆后，立即向南京到武汉间的第一道屏障——马垱封锁线进击。马垱位于江西彭泽县境内，地处长江中游，此处江中流沙甚多，冲积而成沙洲，中分江流为二，其左水道为别江，早已淤塞不通，右水道临马垱山下，江面狭窄，水流湍急，形势险要，早在1937年冬，长江阻塞委员会就已开始马垱封锁线的设计和施工，到日军进攻之前，其工程基本完成，计设人工暗礁30处，沉船39艘，布雷1600多具，另外在阻塞线两岸山峰险要处设有碉堡和炮台，水陆两相配合，形成了一个巩固的防御阵地。当时防御马垱要塞的部队是王锡焘部以及第16军李韫珩部。6月24日晨，日军乘晨雾在马垱附近的东流偷袭登陆，连陷香山、黄山、香口诸要地，马垱守军苦守待援，激战至26日上午，由于援军迟迟不到，要塞终告失守。事后，蒋介石对守军不堪日军一击，大为恼火，严令查办在此次作战中失职的李韫珩，交军法执行总监审判。7月6日和24日，日军乘胜攻击，湖口、九江亦相继告失。日军冲开了中国军队主阵地第一道防线的大门，武汉震动。

九江陷落后，第九战区将兵力进行了重新调配，第一兵团司令薛岳率25个师任南浔线及其两侧地区防务，取外线之势侧击西进日军，屏障南昌。第二兵团司令张发奎率33个师担负瑞昌至武昌间的正面防御。在日军攻占九江时，该地正流行霍乱，由于九江成为日军集结的根据地，冈村宁次非常担心霍乱在全军蔓延会影响第11军的战斗力，因此，他下达的第一项作战命令就是"全军定要消灭霍乱"。日军经过短期休整后，兵分两路，继续西犯，一路沿九江南下，进逼南昌；一路则继续西上，向瑞昌、武昌一线进攻。双方在南浔路沿线和瑞昌以西地区进行长达两月之余的激烈拉锯战。

南浔路的战斗从8月1日开始。日军进攻主力是第11军的第106师团，该师团于5月15日才在日本的熊本编成，7月4日编入第11军序列，师团长为松浦淳六郎中将。防守南浔一线的守军是薛岳的第一兵团。薛岳，国民党陆军一级上将，作战较为勇敢和果断，在国民党将领中素有"百战名将"之称。在开战之初，薛岳意识到自己的作战地域，略似一个等腰三角形，顶点是九江，底边是修水河。我军修筑的第一道防御线在城门湖——磨盘山——金官桥——庐山北麓一线，这条防线简称金官桥线，如这条防线不守，则愈向后退，正面防线就愈大，就愈不易守。因此，日方对此势在必得，中方势在必守，双方在此展开了激烈的厮杀。

8月1日，日军开始炮轰守军前沿阵地，3日起日军步兵、炮兵、战车、空军联合进攻，并施放毒气，战斗异常激烈，日军屡败屡攻；守军阵地，屡失屡得，双方形成胶着状态。为打破僵局，冈村宁次决定从南浔路的东西两线夹击，企图包抄守军后路，支援正面进攻。他以第101师团协同进入鄱阳湖的海军舰队，在空军支援下西进攻打德安；以第9师团向瑞昌——武宁一线进攻，威胁南浔线的两侧。

8月19日，日军开始对东线发起攻击，进攻地点选择在鄱阳湖西岸的星子，21日日军攻占星子后，并继续进攻东、西孤岭两重要阵地。东、西孤岭，在庐山东南麓，居高临下，扼制着德安到星子的德星公路，战略地位十分重要。9月5日，日军经过10余天的激烈猛攻，终于攻陷东孤岭。日军攻占东孤岭后，处于居高临下的位置，造成西孤岭和隘口方面中国守军作战困难。12日，西孤岭陷落，隘口告急。薛岳为稳住东线，立即调兵遣将，令第九集团军的第66军叶肇部，迅速增援隘口要塞。27日，日军久攻隘口不下，第101师团长伊东正喜亲临前线指挥，被守军炮弹击中，因而全军锐气大挫，攻势陷于停顿。

在南浔路东线战斗渐近沉寂的时候，西部的战火越烧越烈。8月23日，日军攻占瑞昌。24日，日军第9师团丸山支队向川军王陵基的第三十集团军防守的岷山阵地，发动突然袭击，王部战斗力甚弱，猝不及防，连失鲤鱼山、笔架山、新塘铺等要地，制高点全陷敌手，西线局势顿显紧张。28日，薛岳急令驻德安附近的第74军前往岷山增援，阻击日军向南浔路突破，但日军攻势甚强，第74军节节败退。此时局势已相当严峻，以致薛岳不得不在电话里对第74军军长俞济时大声叫喊："你要再向后退，使前方部队撤下来，就军法从事。"9月3日，日军攻占马回岭，中国守军被迫后撤乌石门阵地。

乌石门阵地易守不易攻，中间是一块不太大的盆地，它的西南面是白云山高地，东面是庐山的西麓，南面是博阳河以北的山地，整个阵形略似倒八字，守军将大炮和重机枪设置在乌石门线反八字形的盆沿上，以步、炮兵的火力在此组成了严密的封锁线。面对坚实的乌石门阵地，日军第106师团一筹莫展。

日军第106师团在乌石门阵地前被阻了20多天后，于9月25日改变进攻战术，它以小部队留在现阵地，伪装主力，吸引守军的注意，而以主力部队由马回岭地区绕过乌石门阵地的左翼白云山地区，轻装偷袭万家岭。日军这一行动，很快被防守白云山地区的第4军侦知，军长欧震立即将防御方向由面向东转变成面向西，并当机立断大兵出击，将第106师团拦腰截断，形成了对第106师团的战略包围态势。

薛岳得到欧震的报告后，认为日军第106师团主力孤军轻装冒险钻入我军南浔线与瑞武路两大主力之间，是将其歼灭的极好机会，于是立即下令抽调德星、南浔、瑞武三线的主力，围歼万家岭日军，命令所部从万家岭东西两半面实施包围。由于我军兵力强大，士气旺盛，包围圈逐渐缩小。被围日军粮、弹两缺，全靠空投支撑，已成瓮中之鳖，惶惶不可终日。这一情况，经中方新闻媒介传播之后，日本朝野震惊，华中派遣军总司令畑俊六也心急如焚，亲自组织派出了三个支队前往救援万家岭被围日军；为了协助被围日军突围，航空兵团也奉命出动了约930架次飞机，空投补给量达60万吨。为了确保全歼被围日军，薛岳抽调5个师的兵力南下武永路阻击东援日军，同时将准备留在庐山打游击的叶肇部第66军抽调下山加强围歼万家岭日军的攻势。10月6日，如猛虎下山的第66军攻克石头岭，第74军猛攻长岭张古山，敌我双方都死伤累累，争夺至为酷烈。9日，薛岳下令各师选派敢死队员数百名合力猛攻。当晚，万家岭、雷鸣鼓等阵地相继被攻克，日军第106师团纷纷溃逃。追击至深夜，叶肇、欧震两部缴获日军轻重机枪50多挺、步枪1000多支，俘虏日军30多人，马100多匹。这一战役共毙敌3千名，伤敌更众，这一战斗时称"万家岭大捷"。捷报传出，祝贺电报纷至沓来，其中新四军军长叶挺的电报评价甚高："万家岭大捷，挽洪都于垂危，作江汉之保障，并与平型关、台儿庄鼎足而三，盛名当垂不朽。"

在南浔线中日双方进行激烈拉锯战的同时，瑞昌一线以西的战斗亦空前紧张。9月7日，日军第9、第27师团，在海、空军配合下沿江西犯，长江敌舰40余艘，以猛烈火力轰击沿江要塞马头镇、富池口，隶属第二兵团的汤恩伯第31集团军在瑞恩——码头镇、瑞昌——武宁和瑞昌至阳新这三条公路上同时与日军展开激战。14日，码头镇失陷。23日，防守富池口要塞的第18师师长李芳郴无心再战，不顾张发奎令其坚守的命令和下级军官的反对，丢下部队星夜弃职潜逃。次日，富池口丢失。日军继续西犯，中国军队逐次抵抗，竭力迟滞日军推进速度，战至10月18日和20日，日军相继攻占阳新和大冶。

日军攻陷阳新、大冶后，乃分兵西进，一路沿辛潭铺至通山一线；一路沿三溪口、高桥、咸宁一线；一路沿大冶、金牛、贺胜桥一线，企图截断粤汉路，会合江北之敌进逼武汉，中国军队逐一抵抗，被迫退到武宁、通城、岳州一线。

在以庐山为轴心的山岳地带，第九战区的第一、第二兵团与日军屡次展开激战，奋战 4 月有余，我军虽牺牲惨重，但给日军以巨大消耗，推迟了其进军武汉的速度，争取了时间。与此同时，长江以北，在李宗仁、白崇禧的领导下，第五战区的广大官兵同日军主力亦展开激烈厮杀。防守江北的第五战区的士兵是刚从徐州战役撤退下来的，人员还未得到充分休整和补充，因此，江北的战斗异常艰苦激烈。

负责进攻江北的日军是东久迩宫稔彦王的第 2 军，其下辖矶谷廉介（后期为筱塚义男）的第 10 师团、荻州立兵的第 13 师团、藤田进的第 3 师团、藤江惠辅（后期为中岛今朝吾）的第 16 师团及三岛的野战重炮第一旅团，小岛吉藏的骑兵第 4 旅团等。另外，第 11 军冈村宁次部的日军著名精锐王牌第 6 师团也参加了江北的战斗。日本在江北的进攻分成两路，一路自安庆沿江西上，重点进攻长江要塞田家镇；一路由合肥西进六安、霍山，主攻平汉线上的重镇信阳，企图以此形成包围武汉的态势。

日军占领安庆、潜山后，打开了沿江北岸西进的通道。6 月下旬，日军第 6 师团伙同第 3 师团，在海空军的直接配合下，从大别山南麓及长江北岸间的长条地段大举西犯，江北岸的守军主力是李品仙的广西军，另有王缵绪、杨森的川军和刘汝明的西北军一部。李品仙是第五战区的副司令长官，他将主力控制在黄梅、宿松、太湖、潜山一线的西北方山麓，准备侧击西进的日军，以刘汝明第 68 军守备宿松、黄梅正面及沿江要点，将第 84 军覃连芳部布置于广济方面。

7 月 25 日，日舰炮击刘汝明部第 118 师的小池口阵地，其陆战队在 70 余架飞机掩护下强行登陆 4 次，均被善于防守的西北军击退。阵地附近村落被炸成一片废墟，激战至 26 日，小池口终因寡不敌众而失守。8 月 2 日，日军第 6 师团一部和第 3 师团北进的两联队人马汇合，当天攻陷黄梅城。

这时，第五战区司令长官李宗仁右颊上的枪伤突然发作，被迫赴武汉就医，司令长官一职由素有"小诸葛"之称的白崇禧代理。8 月 3 日，白崇禧征得蒋介石的同意，决定在黄梅、广济一带与日军第 6 师团决战，以确保田家镇要塞，此战时称"黄广战役"。8 月 5 日，白崇禧亲临第 4 兵团司令部指挥，他命令王缵绪的第 29 集团军攻黄梅，令广西军韦云松、肖之楚部攻广济，同时调第 31、第 7、第 10 军等部从黄梅东北及太湖、潜山西北山地侧击日军。6 日，总攻开始，我军发动了强有力的攻势，战况空前激烈，日军第 6 师团凭借强大火力，顽强抵抗。31 日，日军集结兵力，对我正面阵地进行反突击，数十架飞机在我军阵地上空轮番狂轰滥炸，投弹数千枚，中方阵地被炸成一片焦土，第 68、第 84 军因久战不支，被迫向广济及其西北高地转移。9 月 6 日，日军突破田家寨、笔架山阵地，广济三面受敌，守军为避免损失，当夜奉命退出广济。

广济失守严重威胁到长江要塞田家镇的安全。为确保田家镇，必须沉重打击广济方面日军西进的锐气。为此，第五战区重新集结兵力，对广济日军进行战略反攻。病愈回到前线的李宗仁下令第 7、第 48、第 84 三个军集结于广济百花园、白沙岭、槐树山一带；令第 21 集团军廖磊驻守蕲春莲花湾，第 68 军刘汝明部驻广济蔡林湾、桥头湾、吕四房、居家岗一带；川军第 29 集团军驻龙顶寨一带；第 15 师汪文斌驻四望山、雨山寨一带；第 44 师驻大金铺、若山坳、两路口、九龙城一带；第 21 师、第 67 师驻松杨桥、吴屋脊、李兴四一带。9 月 13 日，完成了对广济日军的战略包围，当即便发动了全面反攻。

广西第 7 军与第 48 军在广济梅川西，蕲广公路的坪山一带山地，与日军率先展开了拉锯战，中方阵地，白天受到日空军低空轰炸的威胁，阵地被日军占领，深夜，我军又强行夺回，这样反复冲杀，双方一失一得竟达 8 次之多。在丛山口的争夺战中，第 174 师毫不顾及日机的轰炸，前赴后继，不断冲锋，奋勇杀敌，围歼日军 4 百余人，第 174 师因此曾受到蒋介石的嘉奖。在反攻广济的战斗中，我军亦付出了相当代价，如第 15 师在四望山阵地的战斗中，牺牲官兵达 2000 多人；四川部队在龙顶寨与日军作殊死战斗，三次抢夺龙顶寨，牺牲达 3 千多名士兵。

正当广济一带敌我双方展开激烈拉锯战的同时，沿江西进的一支日军于 9 月 16 日攻克田家镇上游不远的重镇武穴。18 日，第 6 师团及第 3 师团一部约 1 万 5 千余人摆脱我军的追击，从广济南下，会同武穴日军，迂回攻击要塞田家镇。27 日，日舰三艘，在水上飞机三架配合下，用四艘登陆艇从半壁山附近强行登陆，川军李宗鉴部发现登陆的日军不到二百人，故等到日军爬到半山腰时，才率领敢死队猝然从左侧横冲敌人右侧后，这样短距离的突击，使日军的飞机舰炮只好干瞪眼！李宗鉴在电话里对前沿阵地的王子愚团长说："子愚兄！这一仗不单是关系到我们这个部队能否生存的问题，如果这道关口被敌突破，武汉、长沙就完蛋了！你我兄弟抗日是光荣的，我们四川军队是在血盆里抓饭吃啊！要是当了亡国奴就更惨了！"这一仗，川军敢死队几乎全部凭大刀、川式手榴弹与日军殊死拼杀。拼杀中，砍死日军 39 人，王子愚团敢死队排长游建武及士兵 15 人为国捐躯。28 日，由武穴西进之日军联合日机 70 余架，大小炮百余门，日夜不停地向田家镇守军阵地轰击，守军阵地迭遭狂轰滥炸，几乎全部被摧毁，最后剩下的守军与日军进行肉搏战，守军全部壮烈殉国。

在保卫田家镇的战斗中，中国海军也参加了战斗。在抗战初期，日本海军实力居于世界第三位，拥有 1190 余万吨的舰船，而中国海军只拥有不到 6 万吨的舰船，而且在初期作战中，中国海军损失惨重，所剩军舰被迫退到内河尤其是长江一线，他们在德籍顾问史脱奈司、欧阳格的指导下，协同长江沿岸守军，阻滞日军西进。在田家镇附近的江战中，中国海军一部与日舰展开激战，击沉日舰多艘。其中，中山舰在金口与敌机战斗中尤为英勇，在敌机 15 架轮番狂轰滥炸之下，中山舰官兵毫不畏惧，他们用舰上的大炮与敌机激战，舰长萨师俊腿被炸断，血流如注，仍坚持不下火线，用手紧抱住铁柱，继续坚持指挥战斗，直至壮烈殉国。29 日，在日军水陆两路的夹击下，要塞田家镇失陷。

日军第 6 师团攻占田家镇后，已元气大伤，仅今村支队就死伤 1500 余名。经过半个多月的休整补充后，才继续西进。22 日，占领上巴河。24 日攻占汉口以北约 30 公里处的黄陂。主力直迫汉口侧背。

当第 6 师团和第 3 师团沿着长江北岸西攻广济、黄梅、田家镇之时，驻扎在合肥附近的第 2 军的其他师团也开始向大别山北麓的六安、霍山发动攻势，企图牵制我军主力，支持长江北岸日军的行动，同时伺机攻占平汉路上的信阳，并南下进逼武汉。

8 月 23 日，日军第 2 军的急先锋开始向六安发动进攻。30 日，中国守军被迫退出六安。与此同时，我防守霍山的第77军冯治安部也未能阻挡住日军的强大攻势，霍山亦告失守。日军攻占六安、霍山后，兵分两路，一路沿六安、固始、潢川、罗山一线进攻平汉路上的信阳，进攻主力是日军的第3和第10师团；另一路则由六安、霍山进攻富金山阵地，而后向商城、麻城、黄陂、花园一带进攻，从而配合沿江西上的第6师团进攻武汉，其主力是第13和第16师团。面对日军的多路进攻，第五战区兵力不敷分配，急调驻扎商城精锐主力宋希濂的第71军前往富金山阵地防守，令原驻扎在信阳一带的张自忠部往潢川、固始方向布防。

9月初，日军第10师团的濑谷支队开始向固始、潢川一线发起强大攻势，从寿县、凤台一带抽调的3000多日军也由正阳关溯江西上，与濑谷支队遥相呼应。9月6日，固始不守。日军主力得以沿固、潢公路大举西犯潢川。在公路沿线上，遭到第27集团军张自忠部的全力抵抗，日军推进速度缓慢。到18日，日军付出惨重代价，才攻陷潢川。

第10师团攻占潢川后继续西犯罗山，9月中旬，第10师团与胡宗南第1军在潢罗之间的竹竿铺交手，经过数天激战，第10师团突破竹竿铺，乘势攻占罗山，并向信阳一带推进。10月2日，日军后续部队第3师团亦到达罗山，协助第10师团攻打信阳。11日，迂回到信阳西南柳林镇附近的第10师团主力，遭到胡宗南部和孙连仲部的联合夹击，死伤2000多人。但是战至12日，在日军接连不断的强大攻势下，信阳终告不守。平汉线遂为日军截断。

在日军第10师团、第3师团沿着固始——信阳一线艰难推进之时，第16、第13师团也在富金山、沙窝等大别山麓一带与守军宋希濂等部展开激烈拉锯战。9 月 1 日，日军第 13 师团开始进攻富金山，进攻的主要重点是第 71 军的阵地。第 71 军是蒋介石的嫡系精锐部队，军长宋希濂，黄埔一期毕业，作战勇敢顽强，素有"鹰犬将军"之称。宋希濂部防守的阵地是由几条棱形线组成的，宋将部队呈梯形配备在山腰，因此，日军不得不沿着山脉的棱线向上仰攻，这样，日军每前进一步，都要付出惨重的代价。整整 10 天，日军既用飞机在空中轮番轰炸，又用大炮密集轰击，然而日军始终一筹莫展，无法突破我方山腰一带的主要阵地。连日本的报纸也不得不承认："此役由于受到敌主力部队宋希濂军的顽强抵抗，伤亡甚大，战况毫无进展。"11 月，日军主力到达，战况渐对守军不利。傍晚，宋军第 36 师和第 88 师阵地的结合部为日军突破，第 36 师师长陈瑞珂亲率余部作最后反攻，无奈该师只剩下 800 余人，已是力不从心。深夜，日军控制富金山的最高峰，宋军余部奉命往大别山正面、商城以南的沙窝一带转移，与第二集团军田镇南的第 30 军共同防守沙窝、小界岭阵地。

沙窝、小界岭防线是武汉外围中极为重要的一道防线，因为如日军突破小界岭防线，越过整个山脉，便可沿公路西进，占领花园，如此则可直逼武汉、北围信阳。因此，原与孙连仲兵团相持于沙窝一带的第 16 师团，与赶来增援的第 13 师团合力进攻沙窝。当时我方在沙窝一带布防的情况是：第 30 军田镇南部防守沙窝左翼打船店一线，宋希濂的第 71 军担任沙窝右翼小界岭一线的防守。战斗从 10 月初展开，双方激战 20 余日，日军被局促于崇山峻岭之间，在二百公里的行程中受阻月余之久，死伤 1500 多人，不过我军亦损失很大，到 10 月 10 日，宋希濂的第 71 军仅剩 4 个团，田镇南的第 30 军除工兵、通信兵外，战斗员不及 3000 人。13 日，第五战区为加强防守力量，令徐源泉增援第 30 军防线。20 日，日军经再次补充后又发动了新一轮强大攻势。22 日，第 13、16 师团先后相继突破田镇南、宋希濂、徐源泉各部的防线，进入湖北省境，迅速向麻城、宋埠、花园和黄陂方向进逼。

到 10 月下旬，武汉外围的要塞和阵地已渐次为日军所攻陷。24 日，长江南岸的第 11 军一部先后攻占鄂城、葛店，与此同时，长江北岸的第 6 师团也攻占黄陂，由信阳南下的第 10 师团逼近孝感，至此，武汉北、东、东南三面受围。武汉危机四伏，朝不保夕。

蒋介石早在 9 月 29 日田家镇要塞失守时，就放弃了以一部兵力死守武汉三镇的计划。10 月中旬开始部署撤退。24 日，蒋介石下令全线撤退，命令第九战区的主力向湘北和鄂西转移，最后退至岳阳、通城以南新墙河南岸及修水一线，令江北第五战区主力除留一部在大别山坚持游击战外，余部向桐柏山、大洪山及南阳等地转移。

10 月 24 日，蒋介石及随从离开武汉。26 日黎明，冈村宁次所部的波田支队率先攻进武昌。当日，武汉三镇陷落。武汉会战至此宣告结束。

武汉会战从 6 月 12 日安庆失陷到 10 月 26 日武汉三镇陷落，持续时间长达四个半月，这是抗日战争在战略防御阶段的一次重大战役，中日双方动用兵力合计达 150 余万人。武汉会战结果虽然以中国军队失利而结束，但在中国官兵的奋勇抵抗下，日军死伤在 10 万人以上，其战略进攻势头锐减，中方基本达到了"以时间换取空间"的战略目的。从此，抗日战争进入战略相持阶段。

七

全面切断中国补给线

日军在向武汉进攻的同时，亦对我东南沿海重要城市发动攻势作战，企图全面切断中国补给线，以此逼迫中国妥协投降。

东南福建、广东两省海岸线长约 3000 公里，在这崎岖漫长的海岸线周围，丘陵山地绵延林立，难以进行机械化大兵团作战，而且与中原要地相距甚远，除广州、厦门战略位置较为重要外，其他城市战略意义不大。因此，国民党除在上述两城市设重兵防守外，其他沿岸城市和岛屿几乎无兵防守。

1938 年 5 月，徐州会战方酣之际，日军开始进攻厦门，揭开了东南沿海闽粤作战的序幕。厦门位于九龙江口，四面环海，东对台湾，南连百粤。根据战区安排，闽粤两省属第四战区，战区司令长官由何应钦兼任，实际上由副长官余汉谋指挥，防守厦门的部队是第四战区的第 57 师宋天才部。

5 月 10 日凌晨，日军飞机 18 架配合舰艇 12 艘掩护陆战队在厦门附近的五通、何厝等地突然登陆，守军猝不及防，何厝、江头、禾山等相继失守。上午，第 57 师增兵反攻。11 日，余汉谋电话调驻漳州的两个营前往增援，但未能扭转局势。11日晚，日军一部攻至中山路、大同路、厦门港一带，与第57师展开激烈巷战。12日，守军撤至厦门岛北部，市区沦陷，敌机狂轰东南著名学府厦门大学，整个校园几乎被炸成一片废墟。同日深夜，厦门岛沦陷。

日军攻陷厦门岛后，继续沿着海岸线向南进攻，到9月日军发动广州作战之前，已先后攻占我闽粤沿海的厦门、福州口外的马祖岛、厦门外围的大、小金门以及汕头外的南澳岛、东沙群岛等岛屿。这不仅完成了封锁中国沿海的战略任务，同时也为下一步南进广州，切断中国西南国际补给线做好了准备。

上海失守后，广州成为中国最为重要的港口。日本参谋本部认为：中国方面的军需品及各种资材几乎大部经香港、广州得到补给，为切断其补给线，主张要向华南方面发动一次哪怕是小规模的作战，配合攻陷南京。当时由于华中方面军曾预定于1938年1月中旬开始攻击南京，因而决定在1937年12月25日圣诞节清晨实施华南作战。后来由于南京较预定提前攻陷，为了进一步扩大战果，华南作战仍按照原定计划实施。参加华南作战的部队是于1937年12月7日刚组成的第5军，司令长官是台湾军司令长官古庄干郎中将，下辖第11师团、重藤支队、第4飞行团。12月中旬，日军舰只已齐集福建沿海一带。这时，日军飞机突然误炸了英、美两国在长江中的军舰各一艘，引起英、美的强烈反应，日军担忧此种情况下再在英美殖民地的大门口作战会引起意外事端。于是，日本大本营于12月20日夜电令古庄干郎中将，中止华南作战计划。当时毫无戒备的广州暂时躲过了劫难。

1938年5月底，日军大本营决定攻占武汉并计划同时进攻广州，但考虑到登陆舟舰等海运资材的准备不足，而且需要保持汉口作战的预备兵团，所以当时的方案是大致在攻占汉口后立即进行广州作战。其兵力计划由集结在上海的第18师团和警备徐州附近的第5师团，以及在南满洲待机的第104师团组成。但时至8月下旬，日本华中派遣军在武汉会战中遇到中国军队的顽强抵抗，进展迟缓，而且从广州运往武汉的军火源源不断。因此，切断粤汉路，封锁中国的军火补给线，瓦解武汉地区中国军队的士气，发动广州作战便显得尤为重要。9月7日，日本大本营召开御前会议，决定提前实施广州作战计划。

9月19日，日本大本营下达了第21军动员令，并发布了该军的战斗序列。重新任命前曾预定为华南作战司令官即原台湾军司令官古庄干郎中将为第21军司令官，兵力以第5、第18、第104师团和第4飞行团为基干。同日下达了攻占广州的命令："大本营企图与进攻汉口互为先后，夺取华南敌之重要根据地，并为切断其主要对外联络补给路线，占据广州附近要域。"为加强这次作战的保密程度，规定这次作战，陆军代号为"波号作战"，海军为"Z号作战"，第21军的代号为"波"集团。

但日军准备进攻广州的计划，很快就为中国情报人员获悉。1938年9月7日，广东省长吴铁城获得一份情报，得知日军在攻打武汉的同时，准备进攻广州，登陆地点选择在大鹏湾，而且日本前驻瑞士公使广州通矢田亦被派到香港协助筹备进攻广州计划。10月8日，香港英军情报机关也获悉日军将派4个师团及混成旅团在11日前后发动广州战役。这两份情报都很快电传给蒋介石及军令部，蒋介石对此颇不以为然，军令部也坚持认为"敌最近将来决无攻华南企图"。希望第四战区不要听信谣言。9月10日，日军已进抵大亚湾，蒋介石还认为广州方面不会发生大的战事，并要求余汉谋从广州抽调精兵一师前往武汉增援。

在中国当局如此疏忽的情况下，日本海军第五舰队于10月9日下午悄然向大亚湾进发。11日黄昏时分，抵达大亚湾。12日凌晨2时左右，日军先头部队开始登陆时，守军第151师莫希德师竟毫无察觉。结果，日军在海滩附近集结时，几乎未受任何抵抗。当时驻防广州附近军队中大部分军官都到广州城和香港度假看电影去了，以致当时担任广东防务的余汉谋，不得不请各电影院放映字幕，通知所属军官赶快回防。

根据战区划分，担任广东方面防务的是第四战区第12集团军，余汉谋兼任第12集团军总司令，其下辖张达第62军、张瑞贵第63军、李振球第65军及第83军，另有两个独立旅和虎门要塞部队，计有正规军约13个师，兵力配备重点放在广州附近，而以一部警备福建省和广西西南沿岸。广州附近的防备设施，在珠江方面以虎门要塞封锁江口，大亚湾方面大致编成三线阵地，为了直接防卫广州，在其周围还设置了坚固的腹廓阵地。余汉谋根据蒋介石的指示重点确保广州至九龙的铁路交通线。

为迅速攻占广州，日军兵分两路，一路从大亚湾登陆，沿着惠阳、博罗、增城一线东犯广州，主力部队是第18和第104师团，师团长分别为久纳城一中将和三宅俊雄中将。另一路则从水路进攻，沿着珠江口南攻要塞名城虎门，尔后直趋广州，主力部队是第5师团，师团长为安藤利吉中将。很明显，日军进攻的重点放在大亚湾一带。

10 月 12 日，在大亚湾澳头偷袭登陆的第 18 师团一部迅速向淡水城推进。第 151 师守军一团猝不及防，仓促抵抗两小时后，淡水于晚间失守。日军乘胜星夜向惠州突进。13 日，余汉谋接到蒋介石电令，指示"敌已在大鹏湾登陆（注：日军选择登陆地点乃大亚湾，而非大鹏湾，蒋介石所获情报有误。）我军应积极集中兵力，对于深圳方面尤应严格布防，料敌必在深圳与大鹏湾之间断绝我广九铁路之交通，此为其唯一目的。"余汉谋根据蒋的指示，加强了广九铁路沿线的防守。但是，14 日上午日军便已进至惠阳。惠阳前临大亚湾，背依东江，向西百余里便可到达广九路，第 151 师何联芳旅在这一带布防。14 日黄昏，日军开始大举攻城，晚间惠阳便告失陷。日军攻下惠阳后，并没有向西进击广九线，而是直趋惠阳北部的博罗和增城。

为确保广州，余汉谋下令各部向广州附近集结，委任第 65 军军长李振球为前敌总指挥，率部前往东江一线布防。17 日，日军一联队在福田一带被我第 193 师张瑞贵部击溃，余部被迫退回博罗。第 18 师团在福田受挫后，一面加强对增城正面的攻击，同时派一部向响水、龙门、正果、从化方面进攻，企图迂回包围广州，17 日下午，独立第 20 旅陈勉吾部在正果一带击溃日军先遣军一部。至此，双方在增城、正果一带形成对峙局面。

为打破僵局，20 日凌晨，集团军总司令余汉谋率幕僚乘夜幕掩护亲临增城指挥，准备发动一次突袭性的反攻。他下令第 186 师李振率部固守增城正面，并调集粤军所有的战车和新近从湖南调来的一团重炮兵支援该师作战；令独立第 20 旅从左翼、第 153 师张瑞贵部和第 154 师梁世骥部从右翼合围日军，计划乘拂晓前日军准备进攻之际，抢先发动攻势，将日军聚歼于增博公路间的浮罗山下。但是，20日拂晓，余汉谋还未调集完毕，日军却抢先发动了攻势。守军炮兵阵地遭日军飞机大炮摧毁殆尽；李振的第186师在日军的猛攻下，被迫后退；独立第20旅左翼阵地也被日军突破，梁世骥的第156师还未进入右翼阵地，阵地便已易手。双方战至上午，增城便告失守。余汉谋被迫率部沿增广公路向广州撤退。

20日晚，余汉谋召集军事会议，决定在广增公路两侧布防，阻滞日军进击。但是，此时日军增派主力加强了对正果、从化方向的进攻，企图截断广州至韶关间的联络，对集结在广州附近的我军主力实施战略包围。21日凌晨2时，蒋介石电令余汉谋立即将主力撤至粤北的翁源和英德一线的既设阵地，而以一部防守广州。21日下午，日军第18师团的轻装坦克部队沿着增广线率先攻进广州，华南重镇广州失守。

广州、武汉失守后，中国的国际补给线粤汉、广九路被切断。但日本大本营认为："中国虽已丧失华南沿海主要港口，但仍能从法属安南及缅甸方面获得补给，广西公路很快成为中国国际补给线的重要渠道，而南宁则是这条补给线的重要枢纽。"因此在桂南发动一场战役，攻克南宁就显得十分重要。起初，日本海军部方面第一个向大本营提出这一建议，海军方面认为：占领南宁后，即可将飞机场向前推进，缩短由海南岛起飞的距离，它可更为有效地轰炸中国西南的两大补给线——滇越铁路和滇缅公路，达到切断的目的，并可直接威胁法属印度支那。但是，当时日军陆军方面注意力主要集中在北方，特别是在日苏之间爆发的诺门坎事件，更使陆军无暇顾及海军的提议。因此，海军方面希望攻占南宁的主张未获大本营的同意。但 1939 年 2 月以海军陆战队为主，攻占了几乎没有中国军队设防的海南岛，为以后发动南宁战役提供了重要的军事基地。

1939 年 9 月 1 日，欧战爆发，法国已无力顾及安南属地。不久，日本和苏联就诺门坎事件达成妥协，签订了停战协定，从而解除了日本的后顾之忧。因此，日本大本营认为进行桂南会战切断中国西南补给线的时机已经成熟。为此，日本大本营决定将第 5 师团分别调往青岛、博山进行登陆和山地作战训练，同时，台湾旅团也奉命在广州加强登陆作战训练。10 月 16 日，日本大本营下达了"大陆命第 375 号"的作战命令，命令中国派遣军于 11 月中旬发动以切断沿南宁至龙州的中国补给线为目的的桂南会战。10 月 19 日，中国派遣军下达了桂南作战的序列，主力是屯驻广州附近的第 21 军下辖的第 5 师团、台湾混成旅团、第 5 舰队（11 月 15 日改称第 2 遣华舰队）和海军第 3 联合航空队，全军由安藤利吉司令官统一指挥，其中第 5 师团的第 12 旅团是日军著名劲旅，素有"钢军"称号，其旅团长是中村正雄。

10 月下旬开始，第 21 军已着手战前的准备工作，派遣特工人员在钦州湾测量水位和侦察登陆地点。11 日上旬，第 5 师团和台湾混成旅团先后被运抵海南岛。9 日，安藤利吉中将将指挥部从广州迁到三亚港。到 13 日晚，日军部署集结完毕。

尽管日军这次行动相当隐蔽，陆军作战代号为"和"、海军作战代号为"N"。但其准备进攻南宁的作战计划早为中方情报机关获悉，英美也向重庆发出"日本舰队目前在东京湾（北部湾的旧称）集结，说明南宁作战已迫在眉睫"的情报。负责守备桂南及粤南沿海地区的部队是夏威指挥的第 16 集团军。夏威根据战前判断，认为

128

日军进攻路线有三种可能：一是敌军主力由粤南沿海电白、水东一带登陆，然后向宾阳推进，从东北面威胁南宁；二是敌军主力由北海登陆，攻取灵山、横县后，溯邕江而上，直逼南宁；三是由钦县、防城登陆，沿邕（宁）钦（县）公路向南宁进攻。由于钦县、防城地形不利登陆，北海登陆也受到公路破坏和防御工事的影响，故采用第一种可能性较大。据此，第16集团军决定有计划地集中兵力，重点守备若干战略要点，但这一调动尚未完成，日军已在钦州湾突然登陆，桂南会战爆发。

11月13日，日军70余只船的舰队从三亚港冒着暴风雨向钦州湾进发。15日8时10分，日军及川支队率先登陆。16日，日军第5师团在钦州湾集结完备。

由于第16集团军对日军登陆地点判断失误，加上连日暴风雨的恶劣气候造成守军防备意识松懈，故守军从作战开始便陷入被动。当时担任钦州湾防守的部队是夏威所辖的第46军新编第19师，在师长黄固指挥下，新19师官兵对及川支队进行了顽强的狙击。15日傍晚，由于日军登陆部队日益增多，守军经过激烈抵抗后，遂放弃滩头阵地，退守防城附近后备工事。16日，防城失陷。在日军进攻防城的同时，另一支日军从钦县附近的犁头嘴登陆，并乘大雨涨潮之际，以汽艇沿渔港江直趋黄屋屯，兵锋直指钦县，17日，钦县陷落。

日军攻占防城、钦县后，立即兵分三路向华南重镇南宁进逼。一路由防城出击，进抵唐报，从西南方威胁南宁；一路由黄屋屯直逼南宁南部要镇大塘；第三路则从钦县出发，沿邕钦公路向小董镇进攻。南宁，危在旦夕。

为了确保西南边陲重镇，蒋介石急令调兵遣将南下，令杜聿明第 5 军由湖南衡山增援桂南，令傅仲芳第 49 军从湖南湘潭及贵阳移至柳州，令姚沌第 36 军自重庆及湖北当阳南下赴宜山集结，以增援第 16 集团军。然而，日军进展神速，19 日进抵唐报、百济一线，同时向良庆发动进攻。21 日，日军攻占良庆，并继续北进，22 日黄昏到达邕江南岸。23 日，日军中村支队和及川支队分道从南宁东南面和西面突渡邕江，夹击南宁。守军第 135 师对中村支队的先锋队反复进行了 20 余次的反攻和顽强抵抗。但与此同时，日军步兵第 21 联队第 4 中队利用海军飞机对地面攻击的瞬间，于 2 日 9 时 30 分从南宁南面强行渡过邕江后一举突入南宁市内。南宁失陷。

为确保南宁，日军兵分两路继续向南宁北侧的天然屏障高峰隘和昆仑关进击。一路以中村支队及骑兵联军为主力，沿邕（宁）宾（阳）公路北进，一路以步兵第 41 联队之一部由邕（宁）武（鸣）公路北上。25 日，邕武公路之敌在二塘一带同援军第 5 军先遣队第200 师第 600 团相遇。在团长邵一之指挥下，全团将士浴血奋战，顽强地挡住了日军的进攻势头。但由于团长不幸阵亡，四塘阵地被另一支日军包围突破，第 600 团余部被迫向高峰隘方向撤退。30 日，日军苦战终日，以火力摧毁了守军高峰隘的前沿阵地。八塘失陷。12 月 1 日，日军攻占高峰隘。4 日，重镇昆仑关失陷。

在日军进占南宁后不久，为破坏中国国际补给线和获取中国储备的军需品，于 12 月 17 日派遣及川支队一部向西南边防重镇龙州、镇南关（现名友谊关）发动攻势作战。日军连日西进，21 日，相继占领龙州和镇南关，并缴获中方未及运输的大量军用物资，但由于蒋介石调遣大军南下，南宁附近日军深受威胁，及川支队奉命被迫放弃龙州、镇南关，分乘 105 辆卡车，回师南宁。

日军攻陷南宁北侧的高峰隘和昆仑关两个天险后，由于兵力空虚，后方补给线又受到我军骚扰，故采取守势，主力回调南宁。于是，双方在高峰隘和昆仑关形成对峙局面。

在双方对峙期间，日军曾企图策反李宗仁、白崇禧的广西军，进行反蒋起义。当时李宗仁在湖北省任第 5 战区司令长官，广西省由其得意门生黄旭初留守，南宁作战期间中国军队主力便是该部夏威指挥的第 16 集团军。11 月 20 日，在日军大举北犯南宁的时候，桂林行营主任白崇禧曾电请蒋介石调回在华中作战的广西军，遭到蒋的拒绝，相反蒋介石却将其嫡系第 5 军南调南宁。据此，日军判断认为："蒋企图借此机会将自己的势力扩张到广西省。因此，不难想象本次作战将引起蒋、白及龙云之间的暗斗。加以今后海军航空队对其要地进行轰击，很可能加深其争执，从而使谋略工作大有希望得到进展。"

负责具体谋略工作的是第 5 师团参谋兼特务机关长的中井增太郎大佐。中井 5 年前曾受李、白两人聘请，在南宁担任过军事顾问兼教官，与李、白私交甚深。据《今村回忆录》（今村为第 5 师团的师团长）记载：中井大佐邀住在附近的熟人见面，12 月 7 日前后，该熟人前来报告："盛传南宁以北约 40 公里有 10 万蒋直系军即将开到。"但今村中将不相信有 10 万大军通过南宁以北的山地，未予理睬。12 月 10 日发出"致李、白将军书"，通电如下：

一、大日本军占领南宁地方之唯一目的，即切断蒋介石政权与印支之交通线。

二、我南宁方面大日本军对白、李两将军在广西省之建设及政令甚表钦意，因此将极力注意避免损害其事绩。两将军治下一般民众之生命及其幸福，将尽力予以保护。

三、愿将军洞察世界大势，为促进东亚同文同种同民族之提携奋起前进。

四、将军若执迷不悟与日军敌对到底，则随时可举全部兵力前来夺回南宁，我南宁驻屯军将独立对抗将军之50万军队，且备足够兵力装备、航空力量及信心取得战争胜利。

五、对在南宁战斗中战殁之将军部下4200余名勇士，我军已予合葬于南宁中山公园，郑重供祭，尚乞安心。

但是，日军的策反谋略很快遭到惨败，守军利用这一间隙，集结兵力，于12月16日制订了反攻南宁的计划。根据作战计划，反攻部队分成东、西、北三路，由抗日名将第26集团军蔡廷锴将军担任东路军总指挥，指挥第46军及部分地方武装，在敌后游击骚扰，并破坏邕江南岸及邕钦公路交通；由第16集团军夏威担任西路军总指挥，其第1纵队两个师（第170、135师）负责攻击高峰隘，吸引日军主力，并以部分兵力进至邕宾公路上的四塘，阻止南宁敌军增援，孤立昆仑关之敌；由第28集团军总司令徐庭瑶将军担任北路军总指挥，指挥第5军及第99军第92师，作为主力部队，正面迎击沿邕宾公路进犯的日军，重点攻击收复昆仑关，然后在东、西路友军的配合下收复南宁。担任主攻任务的第5军是国民党政府在抗战初期唯一的机械化军队，全部美式装置。军长杜聿明，黄埔一期学生，蒋介石嫡系干将，在昆仑关战役中，第5军表现突出，蒋介石大为欣赏，其后中国组织赴缅远征军时，第 5 军亦成为其主力，战果辉煌。杜聿明手下有三员大将：郑洞国、戴安澜和邱清泉。他们分别是荣誉第 1 师、第 200 师和新编第 22 师的师长。为了确保南宁这个重要的交通枢纽，蒋介石动用了他的王牌空军一百架飞机助战。另外，由日本著名反战人员鹿地亘领导的反战同盟部队也跟随大军来到前线，手执麦克风，进行反战宣传。

收复南宁，必先克服昆仑关，昆仑关为中国有名的古战场，它位于邕宾公路要冲，距南宁以北约 80 华里。周围群山叠嶂，绵亘相依，其中多是悬崖深谷，地势极为险要，素有"险峻雄关"之称，得之则可瞰制整个华南，故昆仑关自古便是兵家必争之地。北宋名将狄青曾于公元 1053 年上元之夜，率军出奇制胜，袭占昆仑关天险，一举平定广南。鸦片战争时期清军也曾在此战败英军。第 5 军为重演历史，攻克昆仑关，击败日军，进行了周密的战略部署，郑洞国和戴安澜担任正面进攻，军重炮团、战车团、装甲兵搜索团和工兵团，协助主攻部队作战；邱清泉部为军右翼迂回支队，由原地出发，超越昆仑关，选小路进占五塘、六塘，切断南宁至昆仑关之间公路、桥梁交通要道，堵击敌增援部队北上；第 200 师副师长彭壁生指挥两个补充团编为左翼迂回支队，进占七塘、八塘，策应正面主攻部队对昆仑关的攻击。军指挥所设在正面主攻部队第 200 师和荣誉师分界线的公路边一座高山上的山洞里。总攻前夕陈诚和白崇禧亲临第 5 军司令部视察，严令杜聿明要如期攻克昆仑关，直下南宁。

18 日凌晨 1 时，杜聿明将军下达了总攻击令。霎时，日军昆仑关周围各主要阵地上火光冲天，浓烟弥漫。第 5 军第一线攻击部队即在战车和轻重武器的火力掩护下，纷纷跃出工事，猛虎般地扑向昆仑关周围各重要高地。据守昆仑关的日军松本大队，在第 5 军的猛烈攻击下，纷纷向昆仑关核心阵地退却。战至中午，昆仑关外围的金龙山、仙女山、老毛岭、441、600 高地及罗塘、石塞隘、同平、枯桃岭等阵地相继被第 5 军攻克。与此同时，右翼迂回支队在邱清泉的指挥下，亦按原定计划占领了五塘、六塘，与敌增援部队展开激战。

日军得悉中国军队总攻之后，今村师团长急调步兵第 21 联队增援。18 日晚，第 21 联队抵达九塘，并立即向守军阵地发动夜袭，次日凌晨，罗塘及同兴北方高地又被日军占领。杜聿明严令郑洞国率部继续反攻，并把攻击重点放在 653 高地。653 高地为昆仑关东北之要点，可以瞰制整个昆仑关战场，有 200 余名日军据险死守。从拂晓起，荣誉第 1 师第 3 团发动十余次冲锋，均未奏效，伤亡较大。日军乘中方攻击顿挫进行反攻，双方激战甚烈。最后第 3 团组织敢死队，携带刺刀、手榴弹，冒死突入敌阵，与敌短兵相接，将敌大部歼灭，终于控制了 653 高地。

20 日清晨，第 200 师在师长戴安澜将军指挥下猛攻昆仑关。上午 7 时许，我战车一度突入昆仑关，步兵也从东、西、北三面进逼守关之敌，但把关日军顽抗不退，在空军配合下拼命反扑，我军立足不稳，不得不退出昆仑关。21、22 两日。我军接连强攻，但均未攻占关口，且有较大伤亡。22 日深夜，第 5 军调整战略部署，采用要塞攻击法，集中优势兵力夺取昆仑关西北的罗塘高地，最后再解决昆仑关之敌。

罗塘高地是昆仑关西北的天然屏障，也是日军的一个重要支撑点。日军在阵地上构筑了坚固的堡垒工事，并在前沿设置了三道铁丝网，负责防守的是日军第 5 师团的第五和第一中队。24 日晚荣誉第 1 师第 1 团开始向罗塘发动总攻。由于该阵地价值的重大，因此双方争夺格外激烈。后来，日军作战史中有一段关于这一战斗的描述：

> 薄暮中重庆军在大炮集中射击掩护下，一千数百人步步包围靠近，下午 8 时左右在一阵纷乱的手榴弹掩护下，突入我方阵地。守军也以手榴弹还击，但很快就弹尽。彼我进入混战状态，展开了壮烈的白刃战。混战中，第五中队长田村能康中尉首先战死，接着第一中队长迫田广一大尉也失去了双眼。剩下的 38 人用尽全力前后左右应战，但寡不敌众终于一个个倒下，山顶被敌人占据。时间是 24 日下午 10 时。

我军攻克 653 高地和罗塘高地后，立即乘胜向界首附近高地实施攻击。界首高地位于昆仑关东侧，峭壁悬崖，与罗塘高地南端成掎角之势，可东西俯瞰昆仑关。25 日下午，第 200 师在空军掩护下，对界首南端高地发起强攻。29 日，经过重炮轰击、白刃肉搏，终于攻克了界首。至此，昆仑关的北、东、西三面的主要阵地均被我军占领，昆仑关指日可下。

在中国军队强大的攻势之下，日军第 21 军内部对昆仑关的弃守意见不一。司令长官安藤主张将防守昆仑关的第 5 师团后撤南宁附近防守，但这一后撤命令送到第 5 师团今村师团长手里时，他表示拒绝执行，他反驳说："目前各个据点的部队被二层、三层地包围着，这时候命令他们后退到南宁附近，在那里构筑防御阵地，等于给我全体官兵增加战败情绪，相反地助长敌人的锐气，形成一种无法收拾的支离破碎的局面。"

就在日军还在为昆仑关弃守争论不休的时候，中国军队已发起对昆仑关的总攻。30 日，邱清泉部先后攻克了南北同兴、界首村落及其东南各高地，为完全收复昆仑关创造了条件。31 日上午 11 时许，新编第 22 师邓军林团率先攻进昆仑关，防守昆仑关的三木联队余部纷纷向九塘溃退。1940 年 1 月 1 日，第 5 军乘胜攻击九塘。3 日，荣誉第 1 师付出重大代价，终于攻克九塘附近的 441 高地。4 日，攻克九塘，从而使昆仑关获得了全部外围屏障。昆仑关战役最后以中国军队的胜利而载入史册。

昆仑关一役，日军损失空前巨大。享有"钢军"称号的日军精锐第 5 师团第 12 旅团基本全歼，敌旅团长中村正雄少将、第 42 联队队长坂田元一、第 21 联队长三木吉之助等 85% 以上军官，均被击毙，士兵亦有 4000 余人阵亡。中村正雄在临死前一天的日记上写道：

> 帝国皇军第 5 师团第 12 旅团，之所以在日俄战争中获得了"钢军"的称号，那是因为我的顽强战胜了俄国人的顽强。但是在昆仑关，我应该承认，我遇到了一支比俄国人更强的军队……

昆仑关战役中国军队获得重大胜利，捷报传出，举国欢腾。《中央日报》发专文祝贺："我国机械化部队开始歼敌，则自杜将军聿明

1939年12月30日，国民革命军第5军攻克昆仑关

督率始，在昆仑关大捷后，敌人已开始认识到，我国军队已踏入世界近代军队行列。"但是，我军为此亦付出了沉重代价，仅第 5 军就有一万一千余人负伤，五千余人殉国。为祭奠昆仑关战役中的英烈，杜聿明将军特写挽联：

> 血花飞舞，苦战兼旬，攻克昆仑寒敌胆；
> 华表巍峨，扬威万里，待清倭寇慰忠魂。

昆仑关大捷后，日军急调第 18 师团和近卫混成旅团增援南宁，不久昆仑关又几经易手，直至 1940 年 10 月，我军发动冬季攻势，相继光复南宁、龙州、钦州等城，终于将日军完全赶出桂南，历时一年的桂南会战方告结束，日军企图切断我西南国际补给线的美梦最终化为泡影。

八
日本陷入战争泥淖

　　武汉会战后，日本华中派遣军同中国军队在长江南北的湘鄂赣豫地区形成对峙局面。为打破僵局，确保武汉，巩固后方，日军从1939年3月至1941年3月先后发动了南昌、随枣、枣宜、上高等4次重大战役。1941年5月，华北日军亦发动了中条山战役。结果日军非但没能撕破中国军队战线的缺口，相反，一次次徒劳无获的战争反使日军越战越疲，最后陷入战争泥淖之中不能自拔。

　　南昌会战是抗战进入相持阶段后中日军队的首次交锋。

　　日军攻下武汉后，江西省府南昌的战略位置显得相当突出。它东依鄱阳湖，西傍赣江，既掩护着联系第三、第九战区的战略运输线——浙赣铁路，又是威胁沿江日军的战略基地。其实日军早在进攻武汉之时，就企图相机攻占南昌，但受到南浔线上第九战区薛岳所部的顽强阻击，未能得逞。因此，在武汉会战告一段落后，日军选择的第一个战略进攻目标便是南昌。

　　1939年2月6日，日军华中派遣军下达了攻占南昌的作战命令，要求"第11军应从现在的对峙状态下，以急袭突破敌阵地，一举沿南浔一线地区攻占南昌，分割和粉碎浙赣沿线之敌，此时要以一部从鄱阳湖方面前进，使之有利于主力作战。以派遣军直辖兵团一部，实施必要的牵制和佯攻。"根据这一指令，第 11 军司令长官冈村宁次将其所辖 7 个师团中的 4 个师团部署到江南，计划兵分三路于 3 月上旬进攻南昌，右路日军主力是第 6 师团的 8 个大队，进攻方向为箬溪——武宁地区，主要目的是牵制我西线主力；左路日军是村井支队和第 116 师团一部，在海军协助下由鄱阳湖南下，以警戒战线的左翼，实施佯攻作战；而以步兵第 101、第 106 师团为主力，配备 2 个独立山炮联队、3 个 15 厘米榴弹炮联军、2 个 10 厘米加农炮兵大队，作为进攻南昌的中路军，计划直接突破修水河，然后经安义、奉新，渡过赣江直取南昌。由于连日阴雨，道路泥泞，到 3 月 17 日日军才部署完毕。

负责防守南昌的是第九战区，代理司令长官是薛岳（武汉会战后，由第一兵团司令升任），手下有 21 个军 54 个师，总兵力达 40 万人。战区主力主要配置在南浔路一线。其实，日军积极准备进攻南昌的企图，中方最高军事当局早有察觉，曾计划于 3 月 15 日以强有力的野战兵团从西向南浔线之日军主动发起攻势，破坏日军的进攻部署。但由于薛岳对使用大兵团主动强攻日军阵地的战略很反对，加上情报不准，指挥判断失误，致使日军在 3 月 17 日发起进攻之前，这一计划亦未能实施。

3 月 17 日，左路日军率先发动佯攻作战，攻打鄱阳湖对面、修水南岸阵地东端的吴城镇，牵制和吸引我军主力。20 日，日军总攻开始。日军中路军一反清晨和夜间发动进攻的惯例，选择下午 7 时。在日军 200 余门大炮的强大炮火的轰击下，中国守军猝不及防，牺牲惨重，日军很快一举突破了由第 79、第 49 军防守的纵深约 2 公里的三道重叠设防的修水河岸阵地。21 日，第 19 集团军总司令罗卓英急令王甲本第 98 师、王严第 118 师及张言传预备第 9 师驰援，但因潦水暴涨，援军受阻。22 日，突破正面阵地的日军沿南浔公路疾驰南下，一鼓作气冲垮了守军在靖安、万家埠、安义尚未建成的防线。23 日占领安义。24 日，攻陷万家埠、奉新。日军攻陷奉新后，以 1 联队兵力向高安方向进军，阻击前来增援的第一集团军西进。而主力则由安义左拐而向南昌突进，绕过中方在乐化一带构筑好的坚固阵地冲向南昌腹部，而对尚未从混乱中恢复过来并已被日军抛在后面的中国军队，仅留一部分阻击牵制。南昌，危在旦夕。

由于我军主力布置在东西两翼，日军在中路突破后，直逼南昌。此时南昌城防空虚，东西两路援军遭到日军顽强堵截，进展缓慢。25 日，南昌的保安队、宪兵和警察被紧急动员起来，参加保卫南昌的战斗。

26 日傍晚，日军第 106 师团在赣江左岸的曾家，第 101 师团在生米街发起渡江攻势。27 日晨，日军在强大炮火的掩护下，全部渡过赣江，从北、西、南三面会攻南昌。守城部队进行了顽强抵抗，逐巷苦战，终因兵力单薄，战至深夜，南昌失陷。

4 月上旬，蒋介石令全国各战区分别发动春季攻势，令第九战区反攻南昌。4 月 19 日，第九战区前敌总指挥罗卓英根据蒋介石以主力截断南浔路，再以奇兵由赣江以东攻击南昌的指示，进行了具体部署。他令第 1 集团军和第 74 军担负截断南浔路的任务；令第 19 集团军以主力扼守赣江以南与抚河之间地区，第 49 军刘多荃部以一部攻击锦江北岸及生米街附近日军，主力留作总预备队。担当奇袭的则是上官云相的第 32 集团军，罗卓英令上官云相部以 1 师兵力编成以团和营为基干的若干袭击队，分由南昌以东一带湖沼地区化装潜进，混进南昌，伺机袭击，另以两个师兵力由抚河、赣江间自南向北攻，击破南昌之敌。

4 月 21 日，中国军队开始反攻南昌。起初进展颇为顺利。23 日，上官云相部何平指挥的第 16 师和预 10 师沿赣粤铁路及闽赣公路两侧向北推进，连克市汊街、新村圩、璜溪，直指何塘，于 26 日逼近南昌东南郊。与此同时，担任主攻的第 79 师也渡过抚河，进抵冈下、吴村，预 5 师便衣团也潜进南昌市区，并不断发动袭击，日军一日数惊，可惜第 79 师等主力未能跟进，便衣团被迫退出城外。从 26 日起，双方在南昌东南及正南郊约 10 公里以内地区展开了一星期的争夺鏖战。

5 月 1 日，蒋介石指令攻城部队须于 5 日前攻占南昌。2 日，上官云相再次发动反攻。3 日，第 26 师、预 5 师和第 79 师由武陵渡西岸及瑶湖西岸各地向南昌推进。5 日，攻占南昌飞机场，一部已进至南昌城东金盘路附近。但这时，由于第 1 集团军和第 74 军未能有效截断南浔路，致使日方援军源源不断开赴南昌。7 日，第 101 师团在重炮和飞机的协同下发动反击，前来增援的第 116 师团也在城郊各地反攻，并从莲塘、上横冈两方面夹击第 26 师等部，战况异常惨烈。当日下午，第 29 军军长陈安宝、第 26 师师长刘雨卿亲赴前线督战。陈安宝在姚庄腹部中弹壮烈殉国，刘雨卿亦身负重伤。由于中国军队伤亡惨重，日军援军纷至沓来。5 月 9 日，蒋介石下令停止反攻南昌。南昌会战遂告结束。双方在高安、锦江、抚河东岸的梁家渡、天王渡、市汊街一线重新形成对峙局面，这一战役日军以伤亡 1 万 5 千余人代价攻占南昌，但仍未能根本消除第九战区对武汉的威胁。

在中日双方激烈争夺江南要镇南昌的同时，江北第五战区奉蒋介石手谕亦发动了"春季攻势"，从东、西两路向平汉路南段频频袭扰，并将驻扎在湘北的汤恩伯第 31 集团军征调枣阳，加强对武汉的威胁。为彻底解决来自北方对武汉的威胁，冈村宁次决定发动随枣会战，捕捉第五战区的主力，以达到确保武汉的目的。

随县、枣阳地区，位于鄂豫边境，大别山雄峙于东，桐柏山横卧在北，西依荆山，南临长江，大洪山虎踞其中。随枣地区攻可威胁武汉，守可屏障川陕通道，为兵家必争之地。从 4 月中旬开始，日军调兵遣将，将其第 3、第 13、第 16 师团分别集结在应山、安陆、钟祥附近，准备采用"分进合击、锥形突贯、两翼包围"的战术，由钟祥日军沿襄河东岸向北迂回，应山日军分途西进，包围我军主方。

在作战开始前，冈村宁次考虑到这次会战的特殊性，作了如下的训示：各兵团对意图须严加保密，竭尽虚实智谋，不考虑城镇的攻陷，立足于单纯作战，专心致志消灭敌军，望全军发挥传统的顽强精神，宣扬皇军的精华。日军这一作战计划，很快为中方谍报人员夏文运获悉，夏获此情报后立即密电第五战区。夏文运原名何益之，原为上海日方的译员，后经李宗仁亲自安排而担任第五战区的敌后情报员，他以为敌工作作掩护，与反对侵华的日本少壮军人领袖和知鹰二配合，秘密搜集情报。其情报大多迅速准确，抗战初期可说是独一无二。所以关于敌军进攻徐州，突入皖西、豫南，以及围攻武汉的战略及兵力分布，我方无不了如指掌。太平洋战争之前，

144

夏文运因间谍嫌疑，被迫逃离上海。

第五战区接获夏文运的情报后，立即进行了战略部署：郭忏指挥的江防军向沙洋、十里铺、沙市间地区推进，以牵制日军主力；张自忠为总司令的右集团军加强襄河左岸地区兵力，阻止日军渡河北上；李品仙率领左集团军在随县附近阻敌西进，并将主力配置于左翼，威胁日军侧背；孙震的第22集团军为第二线兵团，分别策应左右两集团军作战。

5月1日拂晓，日军兵分两路向中国军队发动进攻。南路以第16、第13师团为主力，借助优势炮、空火力支援，在钟祥、东桥、大龙垱向中方右翼阵地进攻，计划沿丰乐河、流水沟一线及张家集一线两路合攻枣阳。北路日军则以第3师团为主力，向左集团军第84军的徐家店阵地发起进攻，企图夺取随县和桐柏地区。

在南路，日军第16师团从钟祥出发，向守军杨家岗阵地发起猛攻。从5月1日开始，双方激战至5日傍晚，日军才突破杨家岗，并继续向守军第二线阵地长寿店和黄起庵进逼。6日，守军被迫退至马家集以北。7日，第77军在肖家冲、清水桥、耗子岗一带阻击日军北进。8日，日军借助强大炮火和机械化武装突破中国防线，攻陷枣阳。这时，日军第13师团亦相继攻克大洪山主阵地及温家庙和张家集等阵地。日军攻陷枣阳后，立即兵分两路，一路直扑新野，一路进逼唐河，企图与北路日军配合，形成围歼我第五战区主力的战略态势。

与南路日军相比，北路日军第3师团遭到我左集团军的顽强抵抗，进展不太顺利。5月1日拂晓，日军第3师团一部由徐家店、淅河一线凭借炮兵和战车的支援，率先向覃连芳第84军阵地发动进攻。2日，日军炮击不息，飞机狂轰滥炸，步兵轮番冲锋，但始终未能突破中国军队阵地。4日，双方在塔儿湾附近展开激战，敌施放毒气数次，守军伤亡甚重，日军在蒋家河畔，亦陈尸累累，塔儿湾失而复得往返6、7次。战至深夜，守军终因寡不敌众，塔儿湾失守，我军西退长湾、高庙坡一线，继续阻击日军西进。6日，双方激战厉山、江家河一线，因襄花公路沿线均为平原，日军充分发挥了机械化的长处。中国守军因无充分补充，且缺乏重武器，无法抵御日军的猛烈攻击，但广大官兵士气高昂，据壕死守。7日，日军攻陷随县。8日，第84军退往厉山坚守。但因枣阳失守，覃部被迫向南阳、方城间突围。

为了掩护主力西移突围，第五战区命令右集团军发起大规模的反攻，第37师克复丰乐河、清水桥一线阵地，第38师打退耗子岗附近日军，第132师切断了长寿店以南的交通。因此，日军第16师团主力被迫后撤，以维护其补给线，从而不得不松开合围的口袋。与此同时，在桐柏方面，南下助战的第一战区的第68军刘汝明部亦向日军发起了反攻，16日，克复桐柏。到5月20日，中国军队先后收复新野、唐河、枣阳、桐柏等要镇，日军重新退到钟祥、应山等地集结。随枣会战以日军战略企图失败而告终。

随枣会战结束后，日军攻势已成强弩之末，中国方面决定由战略防守转向战略进攻，一面稳步准备，积蓄力量，同时以小规模部队出击扰乱日军后方，达到消耗日军战力的目的。根据这一指导方针，中国军队于1939年冬在豫南、鄂北发起冬季攻势，再次威胁武汉日军。为了确保武汉，消除隐患，日本大本营决定重新集结军队发动枣宜会战，围歼中国第五战区的主力。

1939 年 9 月，陆军部为了统辖整个中国的政治、军事，特别是出于政治上的考虑，促进建立汪精卫伪政权和统一进行对重庆的诱降工作，在南京新设立了中国派遣军总司令部，撤销了原在华中的华中派遣军司令部，总司令官由教育总监西尾寿造大将担任，其属下有华北方面军、第 11 军、第 13 军和第 21 军。1940 年初，第 11 军司令长官冈村宁次奉调回国，遗缺由园部和一郎继任。园部和一郎上任伊始，就主持制定了枣宜会战的指导方针：

> 军拟在雨季到来之前，在汉水两岸地区将敌第五战区的主力击败，通过作战的胜利，进一步削弱蒋军，并为推动对华政治、谋略的进展作出贡献。

1940 年 4 月中旬，日军大本营抽调赣北的第 40 师团和湘北的第 6 师团一部，与原湖北省境内的第 3、第 13、第 39 等师团陆续向钟祥、随县、信阳等地集结。计划准备此次作战分两期进行。第一期作战，计划在汉水东岸的枣阳周围构成数道包围圈，消灭中国军队主力，然后转入第二期作战，在汉水右岸将中国军队消灭在宜昌附近。

日军频繁调动的阴谋很快为我第五战区侦悉。为此，第五战区于 4 月中旬召集各集团军总司令会议，研究对策，确定了作战指导方针："战区以一部分挺进敌后方，扰袭敌主力，相机先发制敌于枣阳以东或荆门、当阳以南地区，与敌决战。"并根据这一指导方针，将战区兵力进行了周密的部署，我军以逸待劳，等待日军上钩。

5 月 1 日，日军兵分三路向枣阳发动进攻。北路由信阳、明港向桐柏山、唐河进犯；中路由随县沿襄花公路向襄阳进犯；南路日军则由钟祥向枣阳推进。园部和一郎企图以中路日军吸引第五战区的主力，以南、北两路日军构成包围态势，将中国军队围歼于枣阳附近。针对日军的两翼包抄、分进合击的战术，中国军队立即调整部署，除在随枣路方面一边抵抗，一边逐次转移到唐河流域，以及以一部兵力固守桐柏山和大洪山外，主力部队则采取向左右两翼外侧移动的战术，争取外线主动地位，瓦解日军的企图。

战斗最先在南路展开。5 月 1 日，日军第 13 师团配备战车 20 余辆、飞机 40 余架，由钟祥北进，向张自忠第 33 集团军阵地发起猛烈攻击，守军利用地形，在普门冲、田家集一带与日军展开激烈的拉锯战。战至 8 日，日军先后攻占长寿店、田家集、丰乐、张家集和新野，兵锋直指襄花公路。

在北路方面，日军第 3 师团、第 40 师团之一部于 1 日由信阳发起攻势，守军经激烈抵抗后被迫后撤，日军遂陷明港、狮子桥及小林店。至 7 日，日军又攻占桐柏、唐河，并南向攻击枣阳。这时，集结于泌阳东北地区的中国第 31 集团军汤恩伯部，协同第 68 军、第 92 军，分路向第 3 师团侧后尾随追击。8 日，收复唐河，9 日，收复新野。

日军第 39 师团和第 6 师团一部待南、北两路即将包围完成之时，于 5 月 4 日从随县向黄琪翔第 11 集团军阵地攻击，相继攻占高城和安居，第 11 集团军主力随即转移至枣阳附近。这时，第 39 师团获悉南路第 13 师团已截断襄花公路，立即向我军发动强大攻势，企图将黄琪翔的第 11 集团军主力歼灭于枣阳，为使主力突出日军包围圈，黄琪翔命令钟毅的第 173 师断后坚持抵抗，掩护主力向唐白河西岸转进。8 日，第 11 集团军主力已安全撤出日军大包围圈转入外线。但在这次掩护主力突围的阻击战中，第 173 师师长钟毅壮烈殉国。

　　5 月 10 日，日军南、北、中三路会合于枣阳以西的唐河、白河一带，但围歼第五战区主力的目的落空，相反，此时转入外线的中国军队将敌反包围于襄东平原。11 日，蒋介石给第五战区发出训令："敌人已完成作战计划开始撤退，如果让敌人撤退到原来阵地，再要捕捉将不可能。望我军克服困难，乘此绝好机会，竭尽全力完成光荣使命。"根据蒋介石的指令，第五战区立即展开反攻，以左、中、右三个集团军。由北、西、南三面夹击日军，并将机动兵团加入左、右两集团军，在我军反攻下，日军伤亡惨重，被迫向枣阳北南收缩。13 日，中国军队收复明港、唐县。14 日，汤恩伯攻占枣阳以北的湖阳镇，进逼枣阳。面对中国军队的反攻，园部司令长官立即改变原退却计划，决定将计就计，引诱中国军队到唐白河一带，再施行围歼。15 日，他给全军下达训示："襄东之敌妄自判断我军将返回原驻地，因而将搜罗的残兵和招募的新军集中在白河下游地区，企图进行全面反攻，突进枣阳。……各兵团要以坚韧不拔的精神，克服一切困难，广用虚实技术，加深敌人的骄傲情绪，然后转用轻装兵力，做好掩蔽态势，待时机到来以闪电般速度，一举将敌歼灭在白河河畔。"16 日，日军第 39 师团利用特种手段获悉张自忠的第 33 集团军集结在南瓜店附近，遂决定围歼张自忠部。17 日，第 39 师团兵分两路，在 6 架飞机、20 余门山炮的火力掩护下，向南瓜店第 33 集团军总司令部发起疯狂进攻，由于众寡悬殊，第 33 集团军总司令张自忠亲自督战，奋勇抵抗。在激战中，张自忠将军身中数弹，壮烈殉国。

张自忠，号荩忱，1890 年生于山东省临清县。少年入伍后，长期在冯玉祥西北军中任职，后派到日本陆军士官学校学习第 30 期毕业。他是抗战以来我国军队第一位牺牲于战场的集团军总司令，当其棺柩送往重庆时，得知这一噩耗的沿途军民均设长案予以祭奠，以寄托他们对这位爱国将领的哀思。至重庆时，蒋介石率军、政要员及民众佩戴黑纱，到储奇门江岸码头迎接张的灵柩，进行国葬。国民政府为表彰张自忠将军为国尽职的忠勇精神，在湖北省的荆门为他树立了纪功碑，并将他为国尽职挥军杀敌而与部属牺牲的地方——湖北省宜城县，更名为自忠县，并追授陆军上将军衔。

日军在围歼第 33 集团军总司令部后，于 17 日再度转兵进攻白河。在白河渡河地作战中，日军第 39 师团遭到沉重打击。20 日黄昏，该师团第 233 联队派出三名侦探，在白河下游侦察渡河点的地形，其中两人卧倒，从芦苇丛中用望远镜察看，另外一人以站立姿势观察，后者判断前岸为河中的沙洲，但前面两人则认为是对岸。结果，当 21 日零时左右日军登上沙洲时，立即升起渡河成功的蓝色信号弹，这时，埋伏在河对岸的中国军队一阵猛烈扫射，日军在毫无掩蔽体的河中沙洲上毫无抵抗能力，结果登上沙洲的近 400 名日军无一生还。日军遭此打击，进攻势头减弱，双方遂在唐、白河两岸形成对峙局面。

由于第一期计划遭到中国军队的顽强抵抗，而且花费了比预定多一倍的时间，因此，对于是否实施第二期作战计划，从园部军司令官到下属参谋犹豫不决，意见不一，作战主任参谋天野坚决主张继续作战，他向中国派遣军总部打了一份报告，申辩自己的理由说：

"就此停止作战，以后会失掉第 11 军统帅上的权威，同时如果让已上奏的作战计划中途受到挫折，对派遣军来说，是辜负了天皇的信托。"经过再三争论，主战派占了上风。5 月上旬，日军为实施第二期作战计划，日本大本营分别从东北和江西武宁抽调第 4 师团和独立 18 旅团增援枣宜战场。

5 月 31 日，李宗仁发现日军有西攻宜昌的迹象，立刻电报重庆，蒋介石获知这一情况后大为紧张，因为宜昌是四川东部的门户，距重庆只有 480 公里，一旦日军在该地建成机场，后方的大城市如重庆、成都及陆上、水上军事运输等将时时处在日军飞机轰炸的威胁中，而且，宜昌一失，江南、江北的中国部队联络中断。为确保军事枢纽宜昌，蒋介石决定在长江沿岸增设第六战区，加强从宜昌到重庆长江沿岸的防守，任命陈诚为司令长官，孙连仲为副司令长官，第六战区的成立，与江北的第五战区、江南的第九战区形成了互为犄角的坚固的防守态势。

5 月 31 日晚，日军第 3、第 39 师团渡过襄河向襄樊发动进攻。6 月 1 日，日军攻陷襄阳。3 日，占南漳、克宜城，然后挥兵南下，与沿着汉宜路西进的日军第 13 师团和第 6 师团一部会合，向江防军发动猛攻。江防军总司令郭忏立即命令主力部队退守董市、古老背一线主阵地，一部利用地形逐次抵抗。与此同时，第 2、第 31 集团军分路尾追日军，牵制日军向宜昌推进的速度。5 日，日军攻陷沙洋。6 日，进占荆门、十里铺、十回桥。9 日，日军主力进抵宜昌附近守军主阵地，并当即发动猛攻。在日军强大炮火及大量飞机的掩护下，守军右翼阵地被日军突破。江防军连夜沿沮水退至宜昌外围阵地。日军跟踪猛攻，激战数日，守军终因力量悬殊，寡不敌众，于 12 日弃守宜昌。

日军攻占宜昌后，对是否确保该地，举棋不定。第 11 军认为，如欲确保宜昌，则必须增派两个师团，防守汉宜一线，但此时，日本大本营正计划削减在华兵力，准备南进，因此，6 月 15 日，第 11 军司令长官园部和一郎下达了撤出宜昌的命令。但 16 日，海军军部强调认为将宜昌作为轰炸重庆基地的价值极大，并得到天皇的首肯，致使参谋本部不得不于 17 日命令第 11 军重新占领宜昌。这时，宜昌已被我第 18 军克复，于是，回师宜昌的日军跟第 18 军又展开激战，经过一个星期激烈争夺后，日军于 24 日重新占领宜昌。

枣宜会战，日军虽占有宜昌，然而始终未能捕捉到我军主力，也未能解除襄樊和大洪山地区对武汉的威胁。相反，随着战线的延长，日军的兵力日益不敷使用。从随枣会战到枣宜会战，日军在江北的战略企图均以失败告终，究其原因，一方面由于我第五战区广大官兵的奋勇抵抗，另一方面也同我江南第九战区发动的数次牵制作战有关。1941 年 3 月，第 11 军决定把战火从江北重新引向江南，企图采用分进合击的战术，包围聚歼第九战区的主力。决战地点指向赣西北上高。

上高，位于赣西北，居群山环绕之间，扼制赣江、锦江水面交通，地形险要，既是反攻南浔线的前沿阵地，也是樟树、吉安乃至湖南长沙的外围屏障，战略价值较高。1941 年 3 月，日军以攻略上高、摧毁第九战区反攻力量与反攻部署，及掠夺破坏物资为目的，秘密集结三路，由第 5 师团抽编而成的独立第 20 混成旅团为南路军，沿锦江南岸西进；第 34 师团主力为中路，沿湘赣公路攻击；第 33 师团为北路，由奉新、村前街、棠浦，取分进合击态势，会犯上高。

负责防守上高一线的守军是罗卓英所指挥的第 19 集团军，针对日军的进兵计划，罗卓英当机立断，决定采取"诱敌深入，聚而歼之"的战术。他命令第 70 军李觉带领 3 个师为左翼诱击兵团，利用既设阵地逐次抵抗，诱敌深入后，适时转进，插入日军右侧。命令第 49 军刘多荃部从赣江东岸出击，与左翼第 70 军配合，对敌实施外线反包围，而把正面阻击日军的艰巨任务交给了王耀武的第 74 军。第 74 军组建于八·一三淞沪抗战中，第一任军长是俞济时，其后是王耀武、施中成。该军清一色的美械装备，长期受到美国顾问的训练，时称为国民党五大主力中之主力，宋美龄经常代表蒋介石到该部视察、抚慰官兵。王耀武任军长时，实力达到顶峰，五万多人，与日军作战每每取胜（抗战后整编为第 74 师，由张灵甫执掌，1947 年在孟良崮全军覆没）。

3 月 15 日凌晨 3 时，在安义集结的北路日军第 33 师团在长樱井指挥下，兵分两路，包抄奉新，在强大炮火的攻击下，守军第 70 军后撤，奉新失陷。16 日，日军攻至棺材山、车坪。17 日，抵达伍桥河。这时，第 70 军边打边撤，将日军引诱至预设阵地下观童、花门楼、苦竹坳一带，19 日，第 33 师团主力在苦竹坳山地遭中方第 70 军伏击，逃至伍家河时，又复遭第 19 师及预 9 师围歼，日军伤亡惨重，被迫突围回撤奉新，日军企图三路分进合击的计划初告失败。

南路日军由池日指挥，兵力约 8 千人。3 月 15 日，在河口夏附近强渡锦河。16 日，攻占锦河南岸的曲江镇。日军攻占曲江后，兵分三路，继续西犯。19 日晨，其一路赣江支队偷渡赣江，企图进犯樟树镇，在新市街遭中国军队王克俊第 26 师一部的迎头痛击，被歼过半。另一路日军在张家山、崇祯观、蜀家垅附近亦遭我军歼灭性打击。两路残敌都被迫退回曲江，会同第三路日军向中方锦河南岸第51师鸡公岭一线主阵地发动攻击。从20日凌晨到夜晚，鸡公岭上弹火纷飞，杀声震天，双方争夺异常紧张激烈。第51师守军坚守阵地，宁死不退，终于瓦解了日军一次又一次的强攻。血战一天，日军伤亡千余名，损失惨重，余部被迫乘夜由灰埠北渡锦河与中路日军汇合。至此，南北两路日军均遭我军痛击，日军三路锥形进击态势遂呈崩溃状，这就为中国军队对中路日军实施战略反包围奠定了基础。

中路日军为大贺茂指挥的第34师团，3月16日自西山万寿宫出发，沿湘赣公路西犯高安。16日拂晓，中路日军以空军掩护，步兵、炮兵、骑兵联合出动，猛扑小岭、祥符观一带中国阵地。17日，守军退守高安。18日上午，日军攻陷高安，并继续西进中国正面龙团圩阵地，19日，双方在官桥及上高东部泗水西部阵地展开激战，鏖战至黄昏，战斗形成胶着状态。此时，日军南、北两路均被我军截断，因此，左、右两翼中国军队开始向中路推进，形成四面合击上高日军的有利态势。

20日，日军以10余门大炮、30余架飞机集中轰击泗水西岸中方第74军阵地。中国军队为缩小正面战线，将核心阵地转移至下陂桥一带。22日晨，被围中路日军集中近1万兵力，凭借飞机掩护，向下陂桥阵地发动一轮又一轮的狂攻。次日，师团长大贺茂亲临前线指挥督战。中方军队奋勇抗击、往返冲杀，下陂桥失而复得三次。24日，中方包围态势日趋明显，大贺茂见势不妙，遂决定孤注一掷，攻下上高，扭转局势。他征调百余架飞机，对中方下陂桥和白茅山

154

阵地狂轰滥炸，投弹多至1700余枚，阵地几被全毁。第74军在王耀武指挥下，沉着应战，先后7次与敌肉搏，毙死日军2千多，稳住了阵地，从而为实施两翼对敌包围，争取了时间。到24日，第19集团军已将日军第34师团包围在一个北至官桥、南至水口圩、东到杨公圩、西止上高的椭圆形包围圈中。

25日，上高东北正面第74军全线出击，拉开围歼日军的序幕。26日，第72军、第71军、第49军等部纷纷投入战斗，由于雨雾蒙蒙，日机无法施展威力，故中方进展十分有利。战至深夜，包围圈日益缩小。27日，日军在离谢楼附近，乘中方第107师和新15师发生冲突引起混乱之机，实施突围，守军防备不及，伤亡较大，被迫后退，包围圈被日军撕开缺口。

在日军狼奔豕突、四处突围之时，第74军分途追击。27日，相继收复泗溪、炉下、河塅、毕家。28日，进逼官桥。日军为掩护主力突围，拼死抵抗。战至下午，官桥遂被克复，守城日军600余人全部被歼，第34师团少将指挥官岩永被打死。同日，从官桥突围的日军主力和从高安赶来接应的日军分别在杨公圩和龙团圩被中方军队分割包围。30日，第19集团军发起总攻，被围日军2000余名大部分被歼。第19集团军乘胜追击。31日，克复高安。到4月2日，中国军队收复了上高战役中丢失的所有城镇据点，并攻占日军据守的西山万寿宫。

上高会战到4月9日结束，历时25天。此役中国军队伤毙日军少将指挥官岩永、大佐联队长滨田以下一万五千余人，军马二千八百余匹，击落飞机一架，俘虏日军百余人，缴获山炮、迫击炮十门及步枪千余枝。第34师团参谋长樱井德太郎战败自杀，何应钦称此战为抗战以来"最精彩之战"。这一会战中，第74军被公认为"抗日铁军"，战后，荣获军中最高奖品——飞虎旗。

从1939年3月到1941年4月，日本华中派遣军主力第11军先后四次在长江南、北两岸同中方第九、第五战区交锋较量，结果均以日军战略失败而告终。嗣后，长江南北两岸战事渐趋平静。与此相反，华北日军于1941年5月在晋南又燃起战火，发起中条山会战。

中条山位于山西南部与河南北部交界处，横亘黄河北岸，东连太行山，西接吕梁山，瞰制豫北、晋西，屏障洛阳、潼关，是西进西安，南下武汉、四川的军事要道。为此，抗战爆发后，国民党军事最高当局专设第一战区，安置18万大军，重点建立以中条山为中心的抗日游击根据地，以确保这块军事战略要地。第一战区的司令官是蒋介石的"五虎上将"之一卫立煌将军。在中条山周围日军第1军主力四个师团与第一战区环绕对峙。从1938年到中条山会战前，日军曾发动十多次围攻，企图摧毁中条山根据地，肃清黄河北岸的中国军队，但始终未能得逞。1941年初，日军为开创华北新局面，扫清西进西安的障碍，决定再次集结主力围歼中方卫立煌部，为了加强华北方面军进犯中条山的兵力，中国派遣军特从华中、苏北抽调第33、第21师团北上，此外，日军大本营于4月19日又从关东军调来飞行集团主力，在运城、新乡两个机场展开，担任空中配合。5月4日，日军主力分别在河南北部道清铁路西段阳城、绛县、闻喜、夏县及张茅大道一线集结完备，并决定5月7日，从中条山的东、北、西三方面同时发起进攻。

日军准备再次大规模进攻中条山的情报很早便为中国最高军事

当局掌握，但当时蒋介石考虑的重点是防范共产党，1941年3月，他还一再敦促卫立煌所属庞炳勋、高树勋部，限期由晋南豫北入冀，压迫八路军。直至4月中下旬，日军进攻中条山已迫在眉睫，蒋介石才派何应钦赴洛阳召开军事会议，研究中条山作战计划，经反复讨论，会议制定了一套确保中条山的行动计划，并要求第一战区及晋南部队迅速进行准备。4月28日，国民党军委会判断日军有由济源、横皋大道会犯垣曲的企图，当即电令第一战区在加强阵地工事、破坏阵地前进道路的同时，采取先制出击、打乱日军进攻步骤的策略，但守军大战意识不强，直至5月7日日军发起总攻，战前所决定的计划大部没有实施，从而导致了中条山战役中，中方军队处处被动、到处受围的惨局。

5月7日，日军第1军司令长官岩松义雄亲自指挥，兵分四路，同时向中条山各外围阵地发起猛攻。

第1路日军是集结在豫北沁阳、博爱的第35师团、第21师团及骑兵第4旅一部，主要作战任务是截断中方军队豫北的退路。7日下午，该路日军兵分两路向中方第9军郭寄峤部控制的孟县、济源发起猛攻。第9军见日军来势凶猛，未加抵抗，自动放弃济、孟两要地，西撤至黄河北岸封门口既设阵地，日军跟踪追击，从9日上午激战至10日晨，日军攻陷封门口。12日，日军以一部经洪阳、毛田继续西进，占领并封锁黄河沿岸各渡口，主力则进迫邵源。至此，该路日军的战略企图显然告成。

第2路日军是集结在晋南阳城一带的第33师团，其作战目的是牵制和吸引中条山中方军队的主力，支援他路日军分割包围中方军队。7日下午，第33师团在阳城以西董村东西一线，向第98军阵地攻击，中国军队顽强抵抗，激战至 13 日，董村失陷。日军继续向中条山东侧主阵地进逼。

第 3 路和第 4 路是这次日军进攻中条山的主力。第 3 路日军由第 41 师团和独立第 9 混成旅团约 2 万余人组成。7 日下午，日军从晋南绛县、横玲关一带出发，兵锋直指中条山腰部重镇垣曲，守军第 43 军寡不敌众，节节败退。战至 8 日黄昏，垣曲失陷。中条山阵地被日军腰截为两段，互相失去联系。9、10 两日，攻占垣曲的日军兵分两股，一股向东进迫邵源，与第 1 路日军会合后，协同第 2 路日军东、西对进，围歼刘茂恩的第 14 集团军。一股向西挺进五福涧，控制黄河北岸各渡口，配合第 4 路日军围歼曾万钟的第 5 集团军。

在晋南闻喜、夏县东南集结的日军第 36 师团及第 37 师团和独立第 16 旅团一部是进攻中条山的第 4 路日军。7 日下午他们向张店镇以东守军第 80、第 3 军的结合部猛攻。8 日，守军边战边退，撤至四交河亘望原一线。9 日午夜，日军发动更强攻势，中方军队进行了英勇抵抗，激战中，新编第 27 师师长王竣、副师长梁希贤和参谋长陈文杞全部壮烈殉国。10 日，第 4 路日军攻陷台砦村后，继续向南、向东压迫第 5 集团军曾万钟部。

从 5 月 12 日开始，第一战区第 5、第 14 集团军主力陷入日军重围之中，在中条山各山隘内各自为政，独立战斗。由于中方补给线被日军截断，中条山各守军渐渐弹尽粮绝。13 日，被围守军奉命以团为单位分途突围，另一部继续留守，坚持游击。到 20 日，第 5 集团军第 93、第 19 两军一部突围到达稷山、乡宁，第 14 集团军一部转移到达沁水以北地区，一部脱险南渡黄河，到 27 日，中条山战役历经 20 天，宣告结束。

中条山会战，国民党军队由于疏于防卫，损失惨重，计伤亡 4 万，被俘 3 万余。不过，日军虽然击溃第一战区主力，但留守中条山坚持游击的部队，仍具威慑牵制作用，特别是中共八路军的渗透，反而使日军更加头痛。日军在战后进行检讨时对这一点认识较为深刻："作为蒋系中央军扰乱治安基地的中条山脉据点，的确受到沉痛打击。但是这个所谓扰乱治安的游击基地，实际上有名无实，拿它与共党系统相比，它的活动是极其差劲的。然而，当蒋系军受到打击失掉其根据地时，使虎视眈眈寻找机会的共军立即将其势力侵入该地区，取代蒋系军，治安反而更加恶化了。"

中国抗战进入战略相持阶段以后，正面战场作战的范围、规模及频率方面，较之战略防御阶段有了很大变化。日军为弥补自身兵力的不足，从 1939 年到 1941 年 5 月，多次集中兵力发动南昌、随枣、枣宜、上高、中条山等会战，企图对长江两岸的中国军队实施各个击破，以达到积极防御的目的。但是，由于中国军队的积极抵抗和策略运用正确，日军这一目的基本未能完成。相反，随着中国军队反击能力的增强，日军作战的损失一天天增加，日军对武汉的防守日益感到困难和棘手。

九

长沙争夺战

抗战期间，国民党部队中流行一种说法：只要日军在地图上画出一个城市，该城市必定会遭殃沦陷。但长沙却是例外，日军曾三次圈中，其中两次未能攻达长沙，一次攻占后又很快被迫放弃。抗战期间，长沙成为日军唯一忌讳的城市。

长沙是中国中南地区的军事重镇，日军攻占长沙，一方面可以南攻衡阳，西指桃江、常德，扼两广之咽喉，控四川之门户，将中国军队压迫在川黔境内；另一方面长沙是中国第九战区的指挥中心，而第九战区的兵力都是蒋介石嫡系主力。日军企图通过进攻长沙，达到击毁、消灭中国军队主力之目的，从而迫使中国问题的早日解决。为此，日军从 1939 年 9 月到 1942 年 1 月之间，先后 3 次出兵争夺长沙。

第一次争夺长沙是在 1939 年 9、10 月份。当时，欧战刚刚爆发，日军为了配合德、意法西斯战争行动，迅速解决中国战场，决定发动一次以争夺长沙为手段，围歼中国第九战区主力为目的军事行动，即第一次长沙会战。

武汉、南昌会战结束后，中日双方军队在沿洞庭湖东岸的新墙河、通城、武宁、靖安、奉新及锦江沿岸一线相互对峙。日军如欲攻占长沙，有三条路可走，一路从赣北的奉新、靖安、高安出发，向西沿修水、铜鼓、平江或浏阳一线进逼长沙，这一路沿线峻岭崇峰、斜形连贯，不利于大兵团作战，而且沿线交通被中国军队破坏殆尽。第2条可以从湖北南部的通山、通城出发，南下献钟，再沿捞刀河直指长沙，这一路地形恰似三角形之角插入湘赣境内，明显不利于攻势作战。第3路可从湘北沿岳阳、汨罗直扑长沙，该路地势平坦，但中途必经新墙河、汨罗江、捞刀河和浏阳河，而这些河流却是长沙的天然屏障。综观三路得失，日军决定将主力置于湘北岳阳，而以鄂南和赣北日军实施佯攻辅助作战。

日军进攻之前，虽然注意保密并制造假象，企图迷惑中国军队，但当时白崇禧的桂林行营和薛岳的第9战区司令长官部（薛岳代司令长官）均掌握了敌军将向长沙进攻的情报。不过在如何反击敌人这个问题上，白与薛的主张不同，白崇禧认为：为了基本歼灭这次进攻的日军，他主张我军应且战且退至衡阳一带，使日军不太多的兵力，深入与分散在内地约200公里的地区之后，然后从正面开始反击，九岭山、幕阜山的部队西进，湘江以西部队东进，这样深入内地的日军，则难以逃脱被歼灭的命运。薛岳则主张在长沙以北地区，进行反击，理由是：一是有足够的兵力；二是如果让敌人进入长沙以南地区，国内外影响太大；三是若退至衡阳，敌在广州的军队则可能沿粤汉路向北策应，而使情况复杂。最后身在重庆的蒋介石和第九战区司令长官陈诚都同意薛岳的意见，在长沙以北地区即对敌进行反击。蒋介石并亲自对第九战区下达作战指示：湘北方向利用既设数线阵地，逐次抵抗，换取时间，消耗敌人。如敌进入第 2 线阵地，应以幕阜山为根据地，猛袭敌人之侧背；万一敌进逼长沙时，应以预伏于长沙附近及其以东部队，内外夹击敌人。根据这一作战指示，第九战区进行了充分的准备，严阵以待，他们于新墙河、汨罗江、浏阳河等预筑数线阵地，湘江、幕阜山筑侧面阵地；长沙筑腹廓阵地，境内公路均经破坏。

日军为隐蔽其作战之真实意图，首先自赣北发动攻击。9 月 14 日，日军第 106 师团和第 101 师团一部，在空军配合下，从奉新向高安猛攻，从此揭开了第一次长沙会战的序幕。在赣北负责防守的中国军队是第九战区前敌总司令罗卓英指挥的第 19 集团军以及王陵基指挥的第 30 集团军。15 日，日军攻占会埠。16 日，再下上富镇。18 日，日军占领了高安北部的村前街、斜桥和祥符观，从三面完成了对高安的包围。19 日，高安失陷。高安失守后，中国军队立即组织反攻，21 日晚，反攻部队均攻达高安附近。22 日拂晓，中国军队发起总攻，经过反复冲锋，早上 8 点便克复高安，日军被迫后退，中国军队乘胜追击，23 日，将日军赶到 14 日进攻之前的阵地。但同一天，奉新第 106 师团主力再次从奉新发起攻势，一方面掩护高安后撤日军；另一方面也是为了配合鄂南日军的进攻。日军很快再陷上富，并继续西攻，企图与自鄂南通城南下的第 33 师团协力围攻在渣津、修水一带阻敌西进的中国第 27、第 30 集团军。在甘坊一带日军被中国军队阻击了 6 天。30 日，日军主力在强大炮火和飞机掩护下，突破中国军队防线，10 月 3 日，接连攻下大塅街、石街。在日军全力西行的同时，中国军队一方面在前面逐次阻击，另一方面又在其后尾追猛击，相继克复横桥、甘坊。5 日，薛岳电令罗卓英、高荫槐和王陵基，督率所部，围歼日军第 106 师团。但在此之前，冈村宁次已电令第 106 师团撤退，中国军队围歼不及，日军分路逃向武宁、靖安。第一次长沙会战中的赣北战场遂告结束。

担任牵制作战的另一路日军是鄂南的第 33 师团，这路日军到 9 月 21 日才发起攻击，在此路与日军对峙的中国军队是第 27 集团军的杨汉域第 20 军，第 19 集团军的夏楚中第 79 军和樊松甫指挥的湘鄂赣游击队。23 日，第 33 师团攻占麦市。27 日，再下龙门厂。30 日，杨森和夏楚中合力反攻龙门厂日军，日军突出重围，继续南下，且相继攻占长寿街、嘉义。此时，自湘北进攻，占领平江的奈良支队一部东进接应，两支日军在献钟一带会合。由于中国军队此时已对各路日军形成外线大包围态势，10 月 2 日，日军全线退却，集结在献钟一带的奈良支队一部和第 33 师团分路退往通城，沿路受到中国军队的不断阻击，损失较重。

湘北是这次会战的正面战场，是日军主攻方向。此路日军的主力是第 6 师团、奈良支队、上村支队及海军陆战队一部分，而守卫这一地区的中国军队是以关麟征为总司令的第 15 集团军。9 月 18 日，日军主力约 5 万人，在冈村宁次亲自指挥下，向新墙河北的中国守军前沿阵地发起猛攻。18、19 两天，双方在下燕安、大桥岭一带反复争夺，激战至 22 日，关麟征本着逐次抵抗、消耗日军的方针，相继放弃新墙河以北岸的草鞋岭、金龙山、斗篷山、马家院等阵地，主力退往新墙河南岸继续抵抗。

为突破新墙河防线，9 月 23 日，日军兵分三路，同时发起攻击，担当正面进攻的是日军第 6 师团。这天拂晓，日军在猛烈炮火及飞机的配合下，从七步塘附近强渡新墙河，第 52 军官兵沉着应战，先后 8 次击退渡河日军，后因日军顺风施放大量毒瓦斯，守军中毒牺牲甚多。下午，第 6 师团突破新墙河南岸防线，与此同时，从东、西两翼进攻的日军亦攻破中国军队的防线，从东翼进攻的日军是奈良支队，他们在河床较窄的杨林街等处强渡，在击退顽强抵抗的中国守军后，继续南下，直趋瓮江，进逼平江。从西翼进攻的日军是上村支队，23 日凌晨他们乘着洞庭湖晨雾的掩护，在海军舰艇的支持下，在洞庭湖东岸强行登陆。23 日下午，日军攻占军事要镇营田，新墙河沿线中国守军的侧翼受到严重威胁，到 24 日，态势对中国军队相当不利，关麟征为免遭夹击，下令全军撤退到汨罗江南岸的第二条防线，至此，新墙河畔誉为铜墙铁壁的"伯陵防线"（薛岳号伯陵）被日军突破。

日军突破"伯陵防线"后，迅速向汨罗江一线推进，26 日，日军以大量飞机掩护地面部队，向汨罗江南岸的中方第二道防线阵地发起猛攻，激战竟日，中国军队放弃阵地，主力向长沙附近集结。27 日，第 15 集团军集结自湘北前线后撤的部队，做好了在长沙周围与日军决战的部署，第九战区司令长官部也由长沙迁往衡阳，薛岳则亲临前线指挥作战。

27 日下午，日军分兵大举南下。28 日，当日军进至福临铺一带时，遭到中国守军第 195 师的伏击，守军万枪齐发，日军措手不及，当即毙命 500 余。29 日，守军且战且退，将日军引诱至上杉市一带的又一伏击圈，经 30 日一天激战，日军又丢下 700 余具尸体。同日，日军另一路在突破汨罗江防线后，越过捞刀河，直扑长沙以东 30 多公里、捞刀河南岸的永安市，守军第 25 师在予日军以沉重打击后，主动撤离该市，永安是第一次长沙会战中，日军南侵最远的城市。日军在攻占上杉、路口畲、永安后，其攻势渐成强弩之末，并拟退却。

原来冈村宁次的作战计划规定："实施本作战时以奇袭为主旨，尽量在短期内结束战斗。"所以日军携带的粮草弹药不多，从9月18日发动正面攻击，到30日主力到达长沙外围，历经10余天，所带粮弹已快用尽。由于交通运输线不断遭袭击，道路被破坏，因此粮弹全靠空投，已无力再进行新的军事进攻。加上在赣北、鄂南进攻、策应湘北战场的日军，也遭到中国军队的顽强阻击，未能实现预期目的。而且，到月底，中国军队已在长沙周围布下重兵，形成围歼日军的战略态势。在这种情况下，冈村宁次于10月初被迫发出全军总撤退的命令。

10月2日，第15集团军总司令关麟征在获悉日军主力退却的情报后，当即改变在长沙附近与日军决战盼计划，命令各部队改防守为追击阵势。4日，各路追击部队尾随日军之后，先后攻复新市、营田和平江等重镇。由于中国军队担心日军伏击，因而推进速度较慢，8日，当中国军队到达新墙河南岸的时候，日军主力已退往新墙河北岸。10月10日，中日两军在湘北地区各自又回到9月18日战前的阵地，重新列阵对峙。至此，第一次长沙争夺战以日军战略企图失败而告终。

事隔2年之后，争夺长沙的烽火又重新燃起。其实这一计划在1941年1月16日日本大本营制定的《对华长期作战指导计划》里就已规定，原计划第11军于1941年夏秋之交发动代号为"加号作战"的长沙作战，但6月22日，苏德战争突然爆发，日本曾提出加强关东军态势，从武汉撤退的设想，长沙作战的计划自然搁浅。但随后不久，日本把战略重点转向南方，撤退武汉加强关东军之议被否决，长沙作战再次提到议事日程，8 月 26 日，大本营下达"大陆命第 538 号"命令，批准了第 11 军第二次攻打长沙、消灭第九战区主力的计划。

8 月下旬，日军第 3、第 4、第 6、第 40 师团和早渊、荒木、江藤、平野 4 个支队开始向岳阳以南地区秘密集结。8 月初，日军特务机关抓获第九战区司令部的上校参谋刘国桢，经过拷问，日军获知长沙一带阵地设置的详细情报。这次日军吸取了第一次进攻长沙的教训，避免兵力分散，将主力全部集中在湘北一路，以期实行纵深突破。并计划分三期作战，第一期作战任务是攻击汨水以北中国守军，第二期是在汨水以北长沙以南地区围歼第九战区主力，如未能取得预期战果，则应继续追击直至攻占长沙南面的株洲，并破坏一切工事设施，尔后迅速撤退，这是第三期作战计划。为便于指挥，刚接替园部和一郎升任第 11 军司令官的阿南惟几亲到岳阳督战。

第一次长沙会战结束后，第九战区便着手防备日军第二次再攻，除集结 12 个军的兵力加强湘北的防守外，还派遣第 4 军和第 58 军一部前进到湖北南部的大云山，并建立根据地，届时扰袭日军侧翼，破坏日军的交通和通信设施，从而达到牵制日军的目的。

1941 年 9 月 7 日，日军为掩护主力部队的集中和展开，解除长沙作战的后顾之忧，派第 6 师团的两个联队，分别由忠坊、西塘向中国军队大云山根据地进攻。守军第 4、第 58 军进行了顽强抵抗，激战 2 天，双方均伤亡 2000 余人。10 日，从湖北京山出发的日军第 40 师团途经大云山企图向与新墙河相连的昌水北岸集结，行到甘田一带时，与中国援助大云山的新编第 11 师不期而遇，两军迅速展开厮杀，日军在突破第 11 师的围截后，于 12 日晚进至港口附近，又遭中国第 59 师侧击。真是冤家路窄，日军第 40 师团好不容易摆脱第 59 师伏击，13 日在白羊田又再遇中国新编第 10 师伏击，第 40 师团一路连遭打击，伤亡惨重，被迫向阿南惟几求援。当天，第 11 军急令荒木支队增援，到 17 日，第 40 师团才在荒木支队的支援下，到达昌水北岸的胡野溪、团山坡一带，完成了向湘北攻击的准备，但此时，第 40 师团的兵马辎重已损失过半。

日军进攻大云山，是第二次长沙会战的前哨战。到 9 月 17 日，日军四个师团和四支支队均在新墙河北岸指定位置集结完毕。18 日拂晓，日军在新墙河畔杨林街以西 20 公里的狭窄地带，45 个步兵大队同时行动，300 多门火炮齐放，轰炸中国守军阵地。中国守军前赴后继，与日军展开殊死搏斗。在潼溪街一带，日军以 40 多门重炮狂轰守军第 102 师阵地，掩护数千步兵强渡新墙河，守军沉着迎战，凭依工事，集中火力，给渡河日军以大量杀伤。后来日军派来飞机轮番轰炸守军阵地，用大炮发射毒气弹，接着以十几辆战车在水仅没膝的新墙河面上开路，掩护步兵向前突进，同时派伞兵袭击中国守军后方，敌我双方战斗空前紧张。当时日军第 11 军司令官阿南惟几亲临前线指挥，目睹了开战初期的战斗情景，曾感慨记述如下：

在隆隆的重炮、山炮声中夹杂激烈的机枪声。8 时 30 分，第 4 师团正面在烟幕掩护下一齐开始前进……，第 3 师团方面炮声隆隆，只见各处村落起火。一场大规模野战正在展开，统率大军亲视战况，指挥会战，此正其时，殊感光荣，应谢上苍。

担任新墙河畔沿岸阵地防御的中国守军是蒋介石嫡系部队欧震的第 4 军和陈沛的第 37 军，他们的阵地由直接利用新墙河障碍配备的河岸阵地及高地带上的主阵地所构成，为纵深达 6 公里的阵地带，尤其河岸阵地以各村庄为据点的腹廓式结构，有交通壕将各据点连接一起。各种武器阵地设有石、砖修筑的约 40 厘米厚的掩体，且设有一系列精心伪装的铁丝网。但是由于日军事先掌握了情报，故在强大的炮火和飞机有目标的准确的持续不断的轰炸下，防守阵地几乎全部被毁，欧震和陈沛被迫相继放弃正面阵地，乃向右翼山地转移。19 日中午，日军各师团在突破新墙河畔阵地后，立即分路向汨罗江北岸各要点推进。

19 日，日军特种情报机关破译了第九战区司令长官薛岳 18 日发出的命令，该命令的主要内容是：针对日军的南进，令第 37 军、第 99 军守备汨罗江南岸，第 26 军集结于金井附近，伺机自东南向西北侧击南进日军。日军获得这一情报后，立即放弃战前"将主力用于湘江方面"的会战指导方针，而决定对企图自东侧侧击日军的第 26 军和第 38 军实行反包围。这样，企图包围日军，在外围作战的中国部队，反而有了被围歼的危险。

21 日是少见的日全食的日子，由下午 1 点 15 分开始，太阳变成下弦的月牙形，周围一带有如黄昏时的微暗。在这昏黄日光的掩护下，日军第 3、第 4 和第 6、第 40 师团分别在汨罗江南岸完成了对第 37 军和第 26 军的分割包围。

22 日，薛岳获悉日军这一企图后立即命令第 10 军驰赴增援。当第 10 军到达明月山——福临铺——金井一线时，便遭到日军的阻击和围攻。在激战中，第 190 师师长朱岳重伤，副师长赖待湘阵亡。

26 日，第 10 军在获悉第 37 军和第 26 军相继突围后，也命令向石鼓牛、徐家桥及万家铺、天雷山一线转移。

正当日军渡过汨罗江南下之时，王耀武的第 74 军奉命从赣北赶来增援。薛岳命令第 74 军防守捞刀河，重点保护沙市街。但是这一重要情报又为日军特情班破译。阿南惟几对第 74 军的调动十分重视，因为 1941 年 3 月份，在上高会战中，日军第 34 师团惨败于王耀武之手，少将指挥官岩永亦被打死，这一惨况仍历历在目。阿南惟几不敢怠慢，遂决定改变作战部署，令第 6 师团放弃攻占平江的任务，而和第 4 师团一起对付这支国民党的王牌军。26 日，日军第 3 师团向长沙南侧发起追击，刚到捞刀河，便同第 74 军不期而遇，双方展开激战，不久，日军第 6 师团和第 4 师团纷纷赶到，加入这一激战。第 74 军各师试图利用日军立足未稳之际，以攻代守，主动向日军发起进攻。第 57 师在枫林港、大霸桥一线与第 4、第 3 师团对抗，第 58 师在春华山、永安等处与第 3 师团主力激战，第 51 师则在大桥、易家冲一带抗击第 6 师团。由于第 74 军长途跋涉，途中又屡遭敌机袭击，面对日军三个师团，终显寡不敌众，双方激战至 27 日，日军一部渡河绕至第 74 军侧背，第 74 军腹背受敌，被迫于当日深夜撤离阵地向南转进。

日军在突破捞刀河防线后，通往长沙的屏障全部扫除。27 日上午，日军早渊支队突破中国的三窑堂、白茅铺阵地，南渡浏阳河，攻击长沙。27 日下午，日军伞兵在长沙东北郊降落，预先进城的日军便衣队也在城内起事响应。傍晚，日军早渊支队一部从长沙城的东北角冲入，当夜，日军攻占长沙。由于第二期作战未能捕捉围歼到中国军队的主力，因此，日军前锋第 3 师团奉命实施第三期作战计划，向株洲方向猛进，29 日占领株洲。

在日军向长沙推进的同时，为策应第九战区在长沙与日军决战，蒋介石下令江北的第五战区，以陈诚为首的长江沿岸的第六战区和以顾祝同为首的第三战区同时发起攻势作战，以牵制日军南下增援及迟滞日军南下推进速度。第五战区奉命向花园、孝感附近挺进，威胁武汉、信阳日军；第三战区向当面之敌发动全面游击战，并以一部佯攻南昌；第六战区则大举向宜昌日军发动进攻，日军后防空虚，处处告急，特别是宜昌日军濒临围歼，再加上南进日军的后路补给线屡遭中国军队侧翼的频繁扰袭，损失惨重。27 日夜，也就是日军攻下长沙的当天，阿南惟几便考虑全军准备回防，31 日，阿南惟几正式下令全军于 10 月 1 日同时实施退却。

10 月 2 日，薛岳获悉日军退却后，立即命令各部迅速对北撤日军进行追击、阻击和侧击，战果颇丰。第 98 师在捞刀河北岸伏击早渊支队，打死日军两名大队长，第 99 军在路口畲附近袭击正在宿营的第 6 师团，打死日军 700 余人，这时，第 27 集团军所辖的三个军，亦由尾随变成阻击日军北撤的主力，歼敌俘获其多。

10 月 9 日，日军备师团主力陆续撤回到新墙河北岸，中国军队紧随其后，双方再次对峙于新墙河畔，第二次长沙争夺战遂告结束。此战日军伤亡 2 万余人，而且围歼第九战区主力的目的也未完成。

同年 12 月 7 日，日军偷袭珍珠港，太平洋战争爆发。8 日，日军第 23 军从广州南下，进攻香港。13 日，驻扎汉口的第 11 军少将参谋长木下勇建议：为防止中国军队策应广九路香港方面的作战，应发动第三次长沙作战。这一提议很快得到日军大本营的批准，作战范围暂定汨水沿岸。当时，第二次长沙会战刚结束整 2 个月，根据大本营命令，日军第 6 师团全部及第 3、第 40 师团主力和独立第九旅团等共约 7 万人迅速向岳阳以南新墙河北岸集结，同时命令南昌方面的第 34 师团和独立第 14 旅团，在南浔路一带届时佯攻，以策应第 11 军主力的行动。22 日，第 11 军司令官阿南惟几、参谋长木下勇由汉口再次飞往岳阳，亲自指挥。

第二次长沙会战结束后，蒋介石亲临南岳召集第九战区各军、师长予以督励，重申"湖南是中国的心脏，而长沙则是湖南的要冲"，要求战区各长官时刻提防日军卷土重来，再攻长沙。第九战区司令长官薛岳也于 11 月 17 日在长沙召开军政代表会议，总结两次长沙会战的经验教训，制订今后作战的方针。薛岳在这次会议上提出了著名的后退决战战略——"天炉法"。所谓"天炉法"即以彻底破坏道路，中间地带空室清野，在诱击及伏击地区纵深配置兵力等为基本条件，以图逆转敌我战斗力，待将敌军诱至决战地区后，从四面八方构成一个天然熔炉，将敌军围而歼之，故名"天炉法"。

12 月 20 日，日军准备再次进攻长沙的迹象已日益明显，为此，薛岳按照天炉战法下达了准备围歼进犯长沙日军的命令。命令李玉堂的第 10 军死守长沙，将日军诱至浏阳河与捞刀河之间再予以围歼。命令罗卓英指挥萧之楚的第 26 军从东向西，夏楚中的第 79 军自南向北反击进攻长沙的日军。王陵基的第 30 集团军从平江协助第 37 军自东北向西南侧击，杨森的第 27 集团军在完成阻击日军南下任务后，自北向南尾击南犯长沙日军，傅仲芳的第 99 军集结归义一带，待日军进攻长沙时，自西北向西南夹击。中国军队布下天罗地网，等待日军来犯。

12 月 24 日傍晚，日军冒着大雨和凛冽寒风，从罗家墩至八仙渡分八路强渡新墙河。守军杨汉域的第 20 军依靠星罗棋布的据点，顽强阻击日军后，留下少量部队坚守正面阵地，逐次消耗敌人，主力则乘夜色向东南侧山区转移。26 日，日军第 3、第 6、第 40 师团主力不待完全攻克中国守军阵地，利用守军防线间的空隙，绕到中国守军的背后，直扑汨罗江。27 日，日军第 3 师团率先突破傅仲芳第 99 军的阵地，渡过汨罗江，东扑新市，企图迂回包抄陈沛的第 37 军。28 日，日军第 6、第 40 师团主力亦分别在新市、磨刀滩等处渡过汨罗江。在汨罗江沿岸，日军遭到第 37 军的阻击，加上连日雨雪，河水上涨，渡河难度加大，日军为此付出了很大的代价。日军渡河之后，按照原定计划三个师团开始围歼陈沛的第 37 军，双方激战至 30 日，第 37 军主力向东侧山地转移，保持着侧击日军的态势，日军计划破灭。

在日军发动长沙会战的第 2 天，即 12 月 25 日，华南日军第 23 军已攻占香港，第 11 军发动长沙作战，牵制中国军队的作用已完全丧失，但阿南惟几认为：香港虽已陷落，但敌人之攻势（向广东方面）于今后数日中，却仍然存在很大危险。我军在此，对该方面的牵制，如果稍有松懈，就不能说是完成了作战任务。因此，需要更坚强的决心，攻占长沙给予蒋政权以无声的威胁。而且日军飞机侦察到的情报表明，长沙防备空虚，且无第二线兵团增援，故未等日军大本营同意，阿南惟几遂独断决定，命令各师团主力迅速向长沙进攻，以沉重打击中国军队。

薛岳在获悉日军进攻长沙的消息后，立即电报蒋介石增调彭伍仁的第 73 军进驻岳麓山和湘江西岸，协助李玉堂部固守长沙，命令南下两广的王耀武的第 74 军，欧震的第 4 军火速回援，同时命令各

172

主力部队以长沙为目标，分别从南、东、北三个方向作"球心攻势"，实施"天炉战法"，以求在日军攻击长沙受挫之时，不断缩小包围圈，集中优势兵力，一举将其围歼。

12月31日，日军先头部队第3师团已攻至长沙外围，薛岳当即命令全军"以1日零时为期发起攻击，围歼长沙周围的日军。"为打好这一仗，薛岳亲下手令，给全军约法三章：一、各集团军总司令、军、师长要严格掌握部队，亲临前线，力图捕捉战机，歼灭敌人；二、薛岳如果战死，应立即由罗副司令长官（罗卓英）代行职务，按预定计划歼灭敌人、集团军总司令、军、师、团、营、连长等，如有战死者，即由副主官或经历较深的升任代行其职务；三、各集团军总司令、军、师、团、营、连长等，如有作战不力，或贻误战机者，立即按照革命军人连坐法议处，严惩不贷。

1942年1月1日，日军第3师团奉命主攻长沙。丰岛师团长接到命令后非常兴奋，他认为上次日军早渊支队兵不血刃即占领长沙，这次他也希望能重演历史，号召士兵当天攻占长沙祝贺元旦。位于岳阳指挥所的阿南惟几和木下勇，也认为这次进攻长沙，将会是攻必克，战必胜。1月1日中午第3师团对长沙发起攻击后，木下勇即与随军的新闻记者们，乘坐飞机到长沙上空视察战场，当观察到第3师团的部队，已突进至长沙时，木下勇即令飞行人员，投下他向部队贺年慰问和鼓励的信件，但是，木下勇的判断显然不准，第3师团的进攻很快遭到守军李玉堂部的遏制，进展艰难。丰岛极想在黄昏前攻占长沙，故到傍晚又增派素有夜袭盛名的加藤大队加入战斗，激战至深夜，日军仍未能撕开中国军队的阵线。为打破胶着状态，2日凌晨2时加藤亲自带队偷袭我军阵地，遭到中国守军伏击，加藤

1942年1月，中国军队在第三次长沙会战中英勇奋战

当场毙命，从加藤尸体上搜获的文件，获悉日军弹药严重不足。薛岳得知这一情报后大喜，一纸虽轻，胜过万挺机枪，立即传令各部加快缩小包围圈的速度。

2 日，日军第 40 师团、第 6 师团也加入了攻击长沙的战斗，长沙周围一片火海，枪炮声震耳欲聋。守军第 10 军将士抱必死信念，英勇抵抗，使日军终日作战，死伤惨重而进展甚微。如守军葛先才团的南门外修械所阵地，日军第 40 师团组织的数十次冲锋均被击退，守军阵前敌尸枕藉，守军伤亡也很严重，最后连伙夫、马夫都上阵与敌肉搏，才保住了修械所高地，全团自团长到伙夫，生还者仅 58 人。

3 日，日军继续强攻，但因弹少粮缺，在有的阵地上，只能同中国士兵拼刺刀进行肉搏。日军虽继续采取攻势，但已成强弩之末。此时，处于外围的中国军队正迅速从东、南、北三面压向长沙，局势对日军日益不利。在攻击长沙受挫，周围又出现反包围的情况下，第 11 军参谋部充满了深深的忧愁与不安的气氛。为了安慰忧愁的幕僚们，3 日中午，阿南司令官来到参谋室在黑板上写下了一句诗：今更莫把惊惧生，兵家胜败乃常情。如果说他的诗能冲淡幕僚们的悲凉心情的话，却不能挽救前线日军的败势。下午 5 时，木下参谋长及其他幕僚一同来到军司令官室，向阿南军司令官提出了"停止战斗，于 4 日夜开始反转"的建议。但不甘罢休的阿南惟几批驳了幕僚们的意见。晚上 8 点，幕僚们再次向他指出全军必须在 5 日凌晨全部退到汨水北岸，否则有全军覆没的危险。3 日深夜，面临窘境，阿南惟几无可奈何下令全线撤退。

这时，中国军队的包围圈还未能完全形成，因此，薛岳在获知日军退却后，立即命令原准备在长沙附近合围日军的部队改为从不同方向追击日军，要求各军在汨罗江以南捞刀河以北将日军全部歼灭。同时，向全军下达了督战令："务须勇往直前，彻底歼敌，如果敌军由某部队作战地域内逃脱，即对其各级指挥官及参谋人员给予严惩。"蒋介石也用电话督战前线各军，如敌从某军正面逃走，即将其军长枪毙。日军在撤退途中既要对付中国军队的阻击，又要掩护伤病号，行动十分迟缓，加之弹尽粮绝，日军官兵饥疲交加，据一日军士兵日记记载："元旦早晨官兵们好容易搜到粮食，只有白薯两个，后方的补给完全中断，附近的村庄空室清野做得很彻底。"同前两次日军能顺利逃离战场相比，这一次却遭到中国军队的层层阻击，撤退显得十分困难。

1月4日深夜，日军各师团开始撤退。在北渡浏阳河时，便遭到刚刚从南方赶到的欧震部第4军的伏击，战斗异常紧张激烈。日军第3师团的师团指挥部几乎被第4军攻破，师团参谋也被组织起来参加阻击第4军的战斗，师团长丰岛中将甚至亲自担任护旗。6日，日独立混成第9旅团在福林铺一带与孙渡第58军遭遇。当夜，独立混成第9旅团的山崎大队偷袭孙渡的第58军军部影珠山，遭到第58军围歼，一个也未能逃脱。当这个消息传到第11军司令部时，一贯以镇定自若著称的阿南惟几也不禁大惊失色。7日，日军第40师团退到春华山后，遭到中国军队重围，被迫退回金井，而留守金井附近的日军龟川部队则陷入陈沛第37军的重围，几乎全军覆灭。9日，日军第6师团在冯家墩附近，陷入中国军队10个师的重围之中。直到数年之后，第6师团长神田回忆此战还心有余悸地说："敌弹击中墙壁的声音终夜不绝，甚至以为指挥所坚固的土墙也会倒塌。"战到深夜，中国军队逼近第 6 师团的司令部，日军司令部全体人员都投入了战斗，战斗异常激烈。10 日，第 6 师团在付出惨重的代价后从冯家墩突出重围，但行至福林铺南侧，又复遭中国军队的阻击。13 日，第 6 师团在第 3 师团和飞行大队的营救下才冲出重围。这一战，作为日军享有盛誉的主力精锐师团——第 6 师团威风扫地，受此打击后，第 6 师团从此一蹶不振。14 日，日军各师团陆续撤到汨罗江北岸，才基本上突破了中国军队的重围。15 日，渡过新墙河，回防原地。至此，第三次长沙争夺战又以日军惨败而结束。

第三次长沙会战，是"珍珠港事变"后，日军在中国战场发动的第一次大规模的作战攻势，骄横不可一世的日军受到沉重的打击。连日军战史也不得不承认，此役付出了高于香港作战两倍多的牺牲，动摇了一部分官兵的必胜信念。此战日军遗尸 5 万多具，被俘 139 人，而中国军队在这次会战中作战勇敢，表现突出，特别是司令长官薛岳指挥有方，遂获得辉煌战果。战后蒋介石授薛岳青天白日勋章一枚。1946 年，美国杜鲁门总统也授给薛岳一枚金章，表彰他在长沙会战中的杰出指挥才能。

三次长沙争夺战，日军均以失败而告终。长沙，成了埋葬日军的坟地。

十

中国不再孤立

自中国抗战以后，以英美为代表的西方各国曾长期坐视日本之侵略，实行纵容绥靖政策。

1938 年 7 月、1939 年 8 月，关东军先后挑起张鼓峰、诺门坎地区的冲突，但遭到苏联远东军的痛击，19 师团、第 7 军分别受到毁灭性打击。从此，日军认识到军事装备上与苏军的悬殊差别，开始将进攻矛头指向英、美、法、荷拥有广大殖民地的南方。

面对日军的南进势头，美国政府有所警醒。1939 年，美国政府废除了《日美通商条约》，停止供给日本橡胶等军备必需品。1940年 3 月，汪伪政府成立后，美国政府发表声明，承认重庆国民政府为代表中国的唯一合法政权，并向"蒋介石委员长领导下英勇抗战的中国军民表示崇高的敬意"。6 月，美国将工作母机列入对日禁运清单。7 月，美国开始对日禁运铁和石油。同年 9 月，日军乘法国战败，强行进入法属印度支那，美国政府立即宣布向中国提供 2500 万美元的钨砂借款。1941 年 2 月，为抗议日本承认汪伪政府，并提高中国军民的抗战士气，美国又向中国提供 5000 万美元借款。

在美国逐步倾向中国的同时，英国仍然坚持其绥靖方针。1940年5、6月间，应日本的要求，丘吉尔政府竟同意关闭中缅公路，割断了中国的唯一出海口，企图以此来换取日本的"善意"。

然而，日本并未停止其扩张步伐。1940年9月27日，德、意、日三国在柏林签订"三国同盟条约"，在世界范围内划定了各自的势力范围。"三国同盟条约"无情地粉碎了西方国家的绥靖企图，日本与英、美的冲突走上了不可逆转的轨道。

1941年12月8日，南云忠一率领以六艘航空母舰为主力的联合舰队突袭珍珠港成功，太平洋战争爆发。随后，中、美、英对日、德、意分别宣战，第二次世界大战在全球范围内展开。从此，中国人民的抗日战争成为全世界反法西斯战争的一部分，中国不再孤立。

1942年1月1日，中国政府外交部部长宋子文在华盛顿签署了《联合国家共同宣言》。这份宣言共有26国签字，美、英、苏、中四国排列在前，其余国家按国名第一字母的英文顺序排列。这是中国第一次被承认为四大同盟国之一。《宣言》决定：

> 每一政府保证运用其军事与经济之全部资源，以对抗与之处于战争状态之"三国同盟"成员国及其附从国家。
>
> 每一政府保证与本宣言签字国政府合作，并不与敌国缔结单独之停战协定或和约。

根据《宣言》精神，中国大陆（除东三省）、泰国、印度支那成立中国战区，以蒋介石为统帅，以史迪威为参谋长。

中、英、美结成亲密的军事、政治同盟后，国民政府立即向美、英两国谋求各方面之援助，以持久抗日。当时，在日军的闪电攻击下，以"威尔斯亲王号"、"却敌号"为主力的英国远东海军全军覆没，远东太平洋海军司令菲利普斯中将葬身大海；以新加坡要塞为主要据点的英国远东陆军举手投降；以麦克阿瑟为主帅的远东美军也在山下奉文的攻击下，一路溃退至澳大利亚。整个远东，只有中国战场巍然屹立，显示出极其重要的战略价值。所以，美、英对于中国的要求，比较慷慨地给予了满足。

首先是财政。

国民政府独立坚持四年抗战后，财政已到了崩溃的边缘，据估计，1942 年的支出将达 150 亿元，而全年收入仅为 50 亿元，亟须支援。1941 年 12 月 29 日，蒋介石致电宋子文，要他向美国洽借 5 亿美元，并设想了三种方式：一是通过 1941 年 4 月成立的"中美平准基金"向中国政府贷款 5 亿美元；二是由美国联邦储备银行准由中国政府开立信用透支 5 亿美元；三是准由中国在美国发行美金公债 5 亿美元。

12 月 31 日，美国驻华大使高斯向美财政部报告：蒋希望英、美各向中国贷款 5 亿美元。

美财政部接到报告后，要求中方就借款拿出具体方案，以便确定其是否有利于抗战。当时，宋子文正欲让中央银行总裁贝祖诒拟订方案，有人向他"支招"：最好先大谈中国战场之重要性，及中国战场万一因财政不支而崩溃的险恶后果，如果先拿具体方案，美财政部极有可能藉词推诿。

宋子文依言而行，代蒋介石拟了答复美方的电稿。他先大谈日军在东南亚及西太平洋的军事成功影响中国军民心理至深至巨，如果经济再一崩溃，对日作战前途不堪设想。然后，笔锋一转说，这次借款就像战场上的总预备队，具体用途全视情况变化而定，可以用来作为发行巨额公债的担保，也可以用来购买物资向市场抛售，以压制物价，或者作为发行纸币的准备金，维持中国法币的信用，总之，如果定死用途，就像把战场上的总预备队固定在一个地方一样危险，相信美方不会意不及此。

与此同时，高斯及"中美平准基金"美方代表福克斯，也向美政府建议无条件地向中国提供尽可能多的贷款。于是，1942年1月9日，罗斯福致函美财政部长摩根索指示："关于对华贷款，我认为目前中国不可能拿出什么担保。但是，我急于帮助蒋介石和他的币制，我希望您能够在这个问题上找到办法。"

根据罗斯福的指示，摩根索与宋子文开始具体谈判。会上，摩根索突然提出，与其贷款5亿美元，不如由美财政部每月担负100万中国军之军费，按每人10美元计算，每月1000万美元，并说罗斯福与丘吉尔都很支持这一方案。宋子文闻听之下，十分高兴，他说："如此事宣布，对国内外之影响，或竟甚于一次借我十万万元。"然后，宋子文跟摩根索讨价还价，提出每月应负担300万人，月需3000万美元。摩根索装模作样地讨了一会儿价，欣然同意。宋予文大喜过望，向蒋介石报告说，这相当于每月有6亿法币的进账。

然而，蒋介石一眼就看穿了美国人企图乘机控制其军队的用心，他电告宋子文，此举会加快中国政治、经济与法币的崩溃，"使中国军队与国家政府及社会经济形成对立或脱离关系"。他要宋子文对美方表明："所拟借之款全在友邦表示对我信任，所以不能有任何之条件及事先讨论用途与办法，否则乃非对我表示信任。"

蒋介石的强硬态度，在美政府内部引起反响，许多人从中国战场的重要性出发，对摩根索的拖沓表示不满。1月23日，美国务院政治顾问向国务卿赫尔表示：如果日军与中国达成和解，它将挟中国大陆的资源和人力对英、美在南洋的利益形成更为沉重的打击，如此，极可能引起大英帝国的崩溃，美国将面临独力与轴心国战争的重担；如果我们现在吝惜一小笔美元，那么，几个月内，美国将在太平洋地区失去一强大盟国。当天，美国务院就致函财政部，建议其立即与宋子文就5亿美元贷款达成协议。

1942年2月7日，美国国会通过422号公法，授权财政部向中国提供不超过5亿美元之借贷或其他财政援助。3月21日，宋子文与摩根索正式公布了借款协定。

中美5亿美元借款，没有规定利息，没有规定偿还期，没有担保，也没有限定用途，双方约定这一切都等到战后再决定。客观地说，这一笔巨额长期无息贷款对正面战场具有重要的意义：当时，国民政府的赤字都是由巨额的军费支出造成的，这笔美援的取得，不仅保障了相当长时期的军费开支，还由此减缓了法币的发行速度，对"国统区"的金融、经济不无裨益。另外，这一笔美援的取得，在一定程度上向中国军民宣示了同盟国团结对日的实际意义，从而鼓舞了中国军民的抗战决心。

其次是军火。

抗战初期，中国的主要军援来自苏联。1940年以前，苏联向中国提供了957架飞机，一亿多美元的贷款，并派遣不少空军志愿人员来华助战。1940年以后，苏联开始加强对德备战，特别是苏德战争爆发后，苏联中断了对华军援，国民政府被迫向英、美寻求援助。

1940 年 6 月，宋子文抵达美国。他向美方递交了一份军援清单，其中包括轻机枪 10000 挺、子弹 3 亿发，价值一千万美元的 7.9 毫米步枪、37 毫米反坦克炮、75 毫米山炮，300 架驱逐机、100 架轻轰炸机及多种武器配件。但当时美国以"英国优先"为原则，拒绝向中国提供如此之多的军火。为此，宋子文特地拜会了英国驻美大使，向他指出：日本正在南进，"中国如非反攻，不能牵制其兵力，惟反攻不能无飞机，故供我飞机，实为防护新加坡唯一良方，我国要求飞机，并非为增强我空军之长期计划，实为英、美、华共同牵制日本之目前必须设备。"但英国政府置若罔闻，寻求军援毫无结果。

1941 年 3 月 11 日，美《租借法案》生效。该法案规定，凡其国防对美国安全具有重大意义的国家，均可以租借方式，从美国获得军用物资。5 月 6 日，美国政府宣布中国有"租借资格"。于是，宋子文组织了"中国国防供应公司"，专门负责同美政府接洽租借物资的分配。该公司聘罗斯福的母舅为董事长，广泛吸收美国各界知名人士参与，对游说美国政府起了很大的作用。1941 年 5 月，首批 7552 吨的租借物资运往中国，到当年底，共运了 66675 吨，这些物资对中国政府的抗战起到了积极作用。当然，租借物资的"先欧后亚"倾向仍然是明显的，1941 年中，中国获得的租借物资仅值 2582.1 万美元，占当年美国全部租借物资的 1.7%。

1942 年 6 月 2 日，经过宋子文的努力，中美两国签订了《中美抵抗侵略互助协定》：

> 美国政府将继续以美国大总统准予转移或供给防卫用品、防卫兵力及防卫情报供给中国政府。中国政府将继续协助美国

之国防及其加强，并以其所供给之用品、兵力或情报供给之。

根据这一协定，到抗战结束前，美国对华租借总额达八亿四千五百多万美元，除 2000 万美元必须偿还外，其余均作无偿赠予。又据统计，这一时期，美国向中国租借飞机 1300 余架，为中国武装了新一、新六、第五、二、八、十三、十八、五十三、五十四、七十一、七十三、七十四、九十四等 14 个军。这些，对于中国人民抗日战争的胜利，具有相当重要的意义。

最能够体现中、英、美合作精神的是三方在战场上的军事合作。

1942 年 2 月 19 日，为打击日本在西太平洋的嚣张气焰，鼓舞美国国民士气，经罗斯福总统批准，由美陆军航空兵中校詹姆士·杜立特率领的 B25 远程轰炸机编队，从"大黄蜂"号航空母舰上起飞，依次轰炸了东京、横滨、川崎、横须贺、名古屋、四日市、和歌山、神户、新潟等城市。由于长途奔袭，燃油不够，轰炸机编队在东京上空仅停留了 30 秒，在整个日本上空仅停留 15 分钟，随即向中国浙江境内的丽水、衢州、玉山各机场降落。除 3 人在跳伞或降落时失事身亡、8 人被俘外，其余飞行员包括杜立特在内安全着陆，并由中国军民掩护，辗转送至重庆。这是中、美两国太平洋战争爆发后第一次战场合作。

1942 年 7 月，原"美国空军志愿大队"改编为美陆军第十航空队 23 战斗大队，陈纳德任准将大队长。随后，美军向其大力补充飞机，使其规模最大时拥有千余架作战飞机，近万人的空地勤人员。他们勇敢善战，先后击落日军飞机 2500 架，并在长沙会战、桂柳会战、湘西会战等战役中重挫日军地面部队，掩护了中国军民的作战。

"飞虎队"英名远扬，为中美两国合作抗日谱写了光辉篇章。

当然，在三方的军事合作中，无论是规模，还是意义，都数1942 年中国军队远征印、缅为最大。然而，正如大家所知，中国远征军入缅半年，损失惨重，近 10 万精锐之师，只剩下 4 万余人，重炮、坦克等重型装备几乎损失一空。究其原因，盟军方面指挥协调太差：史迪威身为远征军最高指挥官，缺乏热带丛林的作战经验，又受蒋介石的处处掣肘；杜聿明作为前线指挥官，既要听史迪威的指挥，又要听"驻滇参谋团"的"高见"，不能根据战场形势独断处理；缅甸主要由中国军队防卫，理应归中国战区指挥，英国却力主将其纳入南太平洋战区；最为重要的是，英国坚持其殖民主义、帝国主义、民族沙文主义的一贯立场，对缅甸战场，始则利用中国军队抗阻日军，终则置中国军队于不顾而自己逃命，一直缺乏努力合作的诚意，甚至在缅甸战役关键之时，将美第十航空队主力调往埃及，并将中国购存印度的飞机私自据为己有，致使中国军队毫无遮蔽地任日机轰炸，真乃"是可忍，孰不可忍！"

尽管如此，中国远征军入缅抗日仍体现了中、英、美在战场上的大规模合作，说明中国的抗日战争已与同盟国全世界范围内的反法西斯战争联成一体，中国不再孤立。

1943 年底，时已提升为四星上将的史迪威，经中、英、美三国最高统帅的授权，率领全副美械装备的中国驻印军第 14、新 22、新 30、新 38、第 50 各师以及英军第 3 师、中美混合部队，在强大的中、美空军支援下，翻越野人山，再度进入缅甸胡康河谷。12 月下旬，在于邦一举重创号称要"斩入其（指盟军）骨髓"之日军 18师团。1944 年 3 月，盟军攻克孟关，毙敌无数，接着，攻克拉班、

1942年初，中国远征军开赴缅甸，与盟军共同抗击日本军队

高鲁阳、沙杜渣，进入孟拱河谷。

为接应中国驻印军，全线打通印、缅、滇国际交通线，1944 年 4 月，蒋介石决定重组中国远征军，以卫立煌为总司令，下辖第 11 集团军宋希濂部和第 20 集团军霍揆彰部。当时，国民党大本营参谋长徐永昌为远征军拟定了如下的作战方针：第 20 集团军辖 53、54 两个军，作为攻击部队，攻击腾冲、龙陵、芒市。其中，以 53 军为第一线攻击部队，以 54 军为第二线攻击部队；第 11 集团军辖 2 军、6 军和 71 军，作为防守部队，驻守怒江东岸一线，以防攻击不成，反遭日军反噬；8 军开到滇西后，归中国远征军总部直辖，置于祥云附近，作为总预备队。

从远征军的这一布置看，实际上对日军心有畏惧，完全把希望寄托在驻印军的迅速推进上。

5 月 11 日，11 集团军新 39 师在惠通桥上游强渡怒江成功，12 日，占领红木树，与此同时，第一线其他部队全部渡过怒江。重庆军委会大喜过望，决定："我远征军应乘出击部队进展顺利及我驻印军一部奇袭密支那之机会，于敌增援部队未到达前，即以主力渡河，扩张战果，攻击腾冲、龙陵、芒市之敌而占领之。"同时决定以 20 集团军为右集团军，主力指向腾冲；以第 11 集团军为左集团军，攻击龙陵、芒市；第 8 军荣 1 师进抵保山，作为预备队。

在怒江和腾冲、龙陵、芒市之间，耸立着高黎贡山，中国远征军欲达战斗目的，必须攻占山上日军的一个重要据点——北斋公房。北斋公房地势险要，日 56 师团 148 联队据险而守。中国军 198 师、36 师、预 2 师在中美空军的强有力援助下，一面从正面突破，一面攀缘山间小路迂回攻击，歼大队长以下 300 余人，终将此据点攻克。

1944年7月15日，在沿雷多公路某处的康复营地里，史迪威将军脱帽对着一群中国伤残退伍军人讲话

随后，中国远征军乘胜攻击，占领桥头、明光、瓦甸、南斋公房等地，沿龙川江东岸对敌形成居高临下的攻击态势。

北斋公房被攻克后，日军纷纷向南逃窜。右集团军决定乘胜由固东河东西之线，发起猛烈进攻，命令53、54两军分由向阳桥、固东两道，向腾冲迈进。一路上，日军部署了不少小部队加以阻击，以延缓中国军队的进攻，但两军迅速排除干扰，迫近腾冲城北郊，并以迅雷不及掩耳之势，攻占南、北宝凤山，取得了腾冲北面的制高点，由54军把守。54军巩固阵地后，右集团军出敌意料，将53军主力由腾北上、下马坞转移到腾城东面飞凤山附近，悄悄地接近了日军阵地，随即发起冲锋，一举攻占飞凤山。与此同时，54军攻占了腾冲城西的蜚凤山，对腾冲城形成三面围攻之势。

当时，日军在驻印军和中美联军的攻击下，捉襟见肘，兵力不够分配。考虑到北面中国远征军较弱，日军决定，中国云南境内的日军主力后撤至缅北，而腾冲城的守军只留下一个混成联队，由148联队长藏重大佐指挥。日军以城南之来凤山为依托，连山带城修筑了大量的碉堡群，并存储了充足的弹药，准备死守到10月底。中国远征军先以53军的一个师绕向来凤山南，挺进至南甸、龙头街之线，以防缅北日军的来援。随后，在中美联合空军的掩护下，远征军以绝对优势兵力向来凤山发起冲击，血战整日，牺牲官兵近千人，终于攻占该山，并顺势将腾冲城南门外一带的繁华街区占领。

日军退守城区后，紧闭四门，企图作困兽之斗。当时，腾冲城号称滇西第一名城，城墙全部用巨石砌成，又高又厚。城墙上每距离10米即有一石砌堡垒，城墙四角则另忙加修了钢筋混凝土碉堡群，城墙之外，由大盈江及饮马水河环绕着东、西、北三面，形成天然护城河。中国军围困了一个多月，多次用云梯攀登，都被日军击退，伤亡很重。于是，卫立煌电请蒋介石派空军助战，蒋见史迪威指挥的驻印军和中美联军进展顺利，而自己指挥的远征军屯兵坚城之下，寸步难行，心中焦急，派了大队空军助战。空军携带了500磅的美制炸弹，轮番俯冲轰炸，终于将城墙炸缺10余处。远征军随即冒浓浓烈焰，冲上城墙，在城墙上与日军展开对壕作战，逐步炸毁其堡垒，两天后，终于将东、南、西三面城墙上的日军肃清，开始向市区挺进。预2师、198师、36师、116师30000余人冲入腾冲城后，发现城内人烟稠密，日军故意不放中国居民出城，并利用他们作为掩护，而且，腾冲城内民居多系石头砌成，每一栋房屋，都似一处堡垒，给中国军的攻击造成巨大困难。各部因恐误伤居民，多被迫采取肉搏战，以致腾冲城内，整天杀声震天，血流成渠。由于日军平时的训练远胜中国军，以致在近战中使中国军遭受重大损失。卫立煌见预备队已用完，而观战的盟军观察团又在一边屡示轻蔑。心中一横，将在来凤山南担任阻止缅北日军增援的130师调入腾冲城内，以增实力。130师多日来实际上并未遇到大股日军，所以，战斗力保持得还比较好。他们的加入，果然改变了战斗形势。而日军因多月激战，战斗减员比较严重，很多堡垒中尸蛆出出进进，残余日军只靠草根、馊饭、生米充饥，已成强弩之末。9月14日，中国军终于将腾冲全城攻克，只生俘重伤的日军官4名、士兵60余名、"慰安妇"18名。而少将指挥官及藏重大佐以下军官100余名、士兵6000余名全部战死。

在右集团军围攻腾冲的同时，左集团军71军和新39师于6月4日开始进攻松山。松山扣惠通桥要塞司令部咽喉，距桥西北六公里许，其南北山麓、山腹棋布丘陵。日军以松山、滚龙坡为其东西两大坚强支撑点，南北之线则修筑了大量的堡垒群。守军为 113 联队（欠第 3 大队）及特种兵 2000 余人。

开始，新 39 师担任主攻。但日军堡垒坚固，上有射击孔及交通壕，下为坑道。掩体分四层，第一层 40 至 50 公分，第二层 30 至 40 公分，第三层 25 至 35 公分，第四层 20 至 25 公分。每一层均有铁板，周围以大石波油浸覆，并围以纵深 4 米的铁丝网。新 39 师 5 次总攻，伤亡惨重。71 军一部续攻一个月，也是"伤亡重大，干部伤亡殆尽"。无奈，卫立煌致电蒋介石，调来第 8 军，并新增山炮两连。第 8 军军长何绍周总结了新 39 师、71 军的教训，采用土工近迫作战，实行坑道爆破，逐渐拔除了日军外围据点。8 月 5 日，第 8 军攻克日军司令官所在地黄家水井，7 日，肃清了全城的残余日军，日守军除十数重伤兵外，全都战死。

在腾冲、松山激战的同时，11 集团军司令宋希濂率 71 军、2 军主力向龙陵攻击，6 月 10 日，毙伤日军千余人，日军残余 300 余人坚守西山坡、黄土坡、赵家祠堂三处据点，负隅顽抗。14 日，日军 56、2、18、53、15 师团各一部万余人从芒市来援，将中国远征军逼出龙陵市区，同时，腾冲、松山日军 2000 余人南下汇合，竟有先行击破 71 军之企图。"各官兵目睹功败垂成，各个嘘声叹气。"

为防止龙陵日军继续东援松山、北援腾冲，卫立煌命令："11 集团军应立即集结主力，击破当面敌之攻势，至少亦须于黄草坝以西地区利用地形，站稳脚跟，拒止当面之敌，非有命令不得向东移动。

20 集团军应立即进出固东河之线，主力保持于左翼，乘敌主力由腾冲转向龙陵，迅速南下，向腾冲之敌攻击而占领之。"

为加强战力，卫立煌还命令荣 1 师和新 39 师加入对龙陵的攻击。

然而，由于中国远征军还未装备美式军械、战斗力较中国驻印军远为薄弱，数万大军围攻经旬，毫无进展。其中，第 87 师奉命在达摩山、黄草坝附近占领阵地，掩护松山我军侧背，阻止龙陵之敌向东攻击。开始，日军仅 2000 余，87 师虽伤亡极重，但终于保住了阵地。但龙陵之敌厚集后，开始沿滇缅公路向该师阵地猛扑。该师主力阵地为 205 团守卫之 5255 高地，师长张绍勋亲自坐镇此地指挥，屡次击退日军冲锋。但日军调来了坦克及重炮，该阵地终被突破，张绍勋愤而开枪自杀，远征军形势危急。

8 月 14 日，中国远征军在美空军的支援下，向龙陵发起总攻，先后占领龙陵各外围据点。8 月 23 日，为获得"重大战果"，蒋介石电令杜聿明，令其用汽车将昆明之第 5 军 200 师运至龙陵前线，归卫立煌指挥。

就在 200 师还在路途之中时，日军破译了蒋的密电，又从芒市增援了数千人马，企图赶在中国第一支机械化部队到达之前，击溃我远征军。经过激战，日军将远征军逼出市区，日第 33 军军部随之前进到芒市。200 师到达后，卫立煌令其攻击龙陵与芒市间日军交通，并令 36 师从腾冲抽出参加龙陵之攻击。当时，20 集团军司令霍揆彰对抽调 36 师深为不满，致电蒋介石："是本集团军侧翼已完全毕露，敌倘即窜扰，职已再无一兵可以抽调堵击，影响腾城攻略，实堪顾虑。"蒋介石认为，龙陵一旦攻克，腾冲日军将无后路，支持卫立煌的部署，电告霍听从指挥。

1944年11月，中美两国军队在龙陵会师

果然，200 师和 36 师的加入，使战局发生了逆转，芒市、龙陵间交通被切断，龙陵日军陷入孤立无援之中。腾冲、松山攻克后，20 集团军全军南下，日军更受压力。1944 年 11 月初，龙陵日守军仅剩 400 余人，被迫突围，逃往芒市。

龙陵战役历时 5 个月，远征军付出了沉重的代价，仅 11 集团军就伤亡官长 1343 名，士兵 17207 名，"伤亡之重，实为抗战八年来所仅见。"

龙陵攻克后，宋希濂指挥 2、71、6、53 各军向芒市、遮放进攻。11 月 20 日，占芒市，12 月 1 日，占遮放。此时，中国远征军和中国驻印军之间，仅剩畹町。

然而，此时卫立煌对进攻畹町失去了信心，他致电蒋介石：

（一）……腾冲、芒市等役，官兵伤亡又达 6 万余，其间补充仅万余（各序列部队现共缺 12 万余）。……就本军现有兵力，发动大规模攻势，实胜算难操，万一顿挫，反噬堪虞。

（二）会战前粮弹、汽油筹屯，公路、桥梁抢修，交通工具调配，会战兵站向前推进，粮弹追送，伤患后运，通信线路延伸，各种器材筹集，在在需时限，于实际无法及时完成准备。

（三）本军胜利与否，关系抗战至巨。不明其内容者，难保不生猜疑。但事实所在，不敢出以轻率从事，贻钧座南顾之忧。拟恳即令兵役部在最短期内设法空运补充兵 6 万名，并予以训练期间，藉以完成一切作战准备，适机呼应驻印军，一并收复畹町……

蒋介石对卫立煌如此自失信心颇不以为然，以"限二小时到"的急电指示卫立煌："据报畹町敌军数目不大，且驻印新1军自攻克八莫后，继续推进，颇为顺利。希仍遵前令，从速进攻畹町，以期与驻印军早日会师。立着将开始进攻日期具报。"于是，畹町战役正式开始。

中国远征军开始进攻畹町时，中国驻印军和中美联军已攻克八莫，于是双方的态势由日军遭受东北、西北两面夹攻，变成仅受北面两支盟军的同向攻击，所以，日军改变部署，以56师团和山崎支队前进至新维、南坎，专对中国远征军，而以18师团主力对中国驻印军。

中国驻印军和中美联军的战斗情况属东南亚战场，本书不拟重复。以下主要记述中国远征军的战斗经过。

中国驻印军和中美联军进至八莫后，鞍马劳顿，攻势相对缓和，而中国远征军则迅速地包围了畹町，对日军形成重压。有鉴于此，日军方面军司令官木村兵太郎决定加强已遭受重创的日第33军，于1944年12月末下令，将第2师团的一部（一刈联队）和49师团一部（吉田联队）划归33军指挥。

1945年元旦，蒋介石下达了进攻畹町的命令，但不幸的是，全都为日军侦敌获悉。于是，日军令一刈联队占领南坎东南的南帕卡，吉田联队占领蒙米特，并令18师团集中所有炮兵在蒙米特附近的瑞丽江畔。

元旦当天，中国军20000余人开始猛攻畹町日军阵地，日33军为赢得部署时间，与国民党军在阵地上混战。而国民党军为了让大部队在蒙米特附近渡江，击敌后背，也愿意作长时间混战，双方你

1944年12月11日，中国驻印军新一军第三野战炮营第九小
组正在轰击在八莫负隅顽抗的日军残部

来我往，死伤惨重。

1 月 5 日，国民党军开始从蒙米特正面渡江，开始，毫无日军动静，过河速度很快，至中午已渡过一半人马。突然，日 18 师团群炮齐发，对半渡之中的中国军队施展屠杀性齐射，瑞丽江水顿时为血水染红。遭受突然攻击的中国军队惊慌失措，未过河者四下惊散，已过河者信心全失。这时，日军吉田、一刘联队从埋伏处杀出，使中国军损伤极重。

中国远征军的失利，使蒋介石万分焦急，令中国驻印军立即发起攻击，以相互呼应。1 月 8 日，驻印军开始出发，10 日渡过瑞丽江，开始攻击山崎支队。此时，日军统一指挥权限，授权 56 师团长松山相机处理南坎、新维一带战事。1 月 18 日，山崎支队残部突破中美联军的包围，退至南帕卡东面，使日 33 军的整个态势愈形不利。

日 33 军退缩到畹町至南帕卡之间纵深约 30 公里的地区，鼓舞了中国远征军，他们重新集结兵力，对敌阵地实施蚕食。到 1 月 30日，第 56 师团已被我军全部包围。

前文说过，日军在战术有过人之处，但在战略上却显得非常愚蠢。当中国驻印军和中国远征军形成夹攻之势时，日军内部就有人主张收缩阵线，以免两线作战。日军指挥部也认为这是大势，但心存侥幸，以 33 军作尝试性抵抗，希望它能独力击退盟军。当 33 军大败亏输之时，日军已开始后撤，但心有不甘，又把 56 师团置于突出地位。56 师团被包围后，日军仍未清醒，既不作全力反扑，又不干干脆脆地突围，只是不断地派小股部队去作象征性支援，即"添酱油"战术。结果，伤亡不断扩大，战况却日益危险。直到 1945 年

这是以"龙"字命名的中国坦克部队

2月上旬末，日56师团才最终奉令退到新维南面一线，这时，全师团原二万余人只剩下数千人了。

日33军的全线崩溃，使中国远征军的作战任务胜利完成，自1942年5月以来被切断两年又八个月的印、缅、滇国际公路全线贯通。

滇西、缅北反攻作战中，中国远征军阵亡26697人，伤35541人，失踪4056人，"各军、各师伤亡达三分之二"。但他们同样给日军造成重大损失，据日本防卫厅战史室统计，当时在缅日军为28、15、33军，共10个师团、2个独立混成旅团，其中，第33军即为中国远征军进攻之对象，伤亡总人数在6至7万，而战死者即达4万余人。

中国远征军反攻作战的意义还不只在此，它实际上是继中国远征军1942年入缅作战、中国驻印军1943年反攻缅甸之后，中、美、英的又一次大规模军事合作，其直接结果便是打通了同盟国向中国运输战略物资的中、缅、印公路，这样，中国在与同盟国中断联系（苏联在苏德战争爆发后即不再援助中国）两年后，又与其紧密地联系在一起，其战略意义是十分重大的。

十一

豫、 湘、 桂大溃败

　　自 1942 年 6 月中途岛惨败后，日军在西南太平洋地区的海空优势逐渐丧失，随着瓜达尔卡纳尔、所罗门群岛诸战役的展开，美军地面部队由防守转入了进攻，并逐步切断了日军的海上运输线，南洋一带 50 余万日军面临缺粮匮弹的窘境。1943 年 11 月 25 日，美军飞机从江西遂川机场出发，轰炸了台湾新竹，使日军大本营强烈地感受到了以中国大陆为基地的美军飞机对日本的潜在威胁。与此同时，"重庆方面虽然由于过去一连串的失败，遭到了很大打击，但鉴于这一两年来世界形势和太平洋战局的演变，它从美国得到了物资和精神上的援助和在粮食、轻武器方面可以自给自足等情况，可以认为，它的继续抗战意志，不仅没有减弱，反而正在进一步加强。"（服部卓四郎语，原文如此）所有这一切，促使日军大本营决定发动一场旨在解决上述问题的大战役。

　　1943 年 8 月 24 日，日军大本营对"中国派遣军"和"南方军"下达了如下命令：

一、大本营决定摧毁中国西南方面敌空军的主要基地。

二、命令中国派遣军总司令攻占湘桂、粤汉及京汉铁路南段沿线重要地区。

三、命令南方军总司令官协助中国派遣军的此项作战。

根据日军大本营的命令，驻华日军开始调动兵力。"华北方面军"司令官冈村宁次命令第12军参加会战，下辖37师团、62师团、110师团和第3坦克师团；"华中方面军"以第11军参加会战，下辖3、13、39、34、40、58、68、116等8个师团；南方军以第23军参加会战，下辖22、104师团。总共约50万人。另外，日军还调集了10万匹马、1500辆汽车、1500门火炮、汽油4000万升、航空燃料1000万升、飞机250架和各种船只600艘。动员规模之大，仅次于1938年的武汉会战。

面对日军的大规模调动，国民党军麻木不仁，他们不敢想象日军在莱特岛、新几内亚等地惨败之余尚能发动如此规模的攻击。所以，直到日军铁道兵第6联队修复霸王城附近的黄河铁桥时，驻河南之汤恩伯部才开始警觉。《第一战区三十三年春夏间中原会战经过概要》中就写道：

一、本部于三月初旬得悉豫北敌情有显著变化后，即通令各部队严整战备，并详侦敌情具报。

二、迄三月中旬判断，敌必将大举渡犯，妄期打通平汉线。三月十四日二十时，本部遵照委座寅支令一元甲电所指示，策定于嵩山附近与敌决战之作战指导方案。

话虽如此，其实，汤恩伯根本未做准备，比如中牟附近的黄河渡口，军事位置特别重要，汤却把暂编第 15 军布置于此，而该军多系新兵，"缺额既多，装备尤劣，不惟缺乏特种部队，即步枪堪用者亦不足三分之一，番号虽多，战斗力实甚有限。"

更为荒唐的是，面对日军极为明显的渡黄河作战意图，蒋介石不派精锐部队坚守河防，也不准备趁敌半渡或上岸立足未稳时予以杀伤，却以第 4、14、15、19、36、39、28 等 7 个集团军约五十万人的大军分守襄城、叶县、临汝、登封、许昌、密县、洛阳等据点，并以装备精良的汤恩伯部机动部队隐蔽在登封、临汝、禹县、宝丰等县的所谓"攻势地带"。实际上，是听任日军渡河。

1944 年 4 月 17 日夜半时分，日军第 37 师团、第 7 混成旅团向中牟一带的国民军发起了攻击。当时，日军分乘木船向国民党暂编第 27 师阵地猛扑时，中国军尚在酣睡之中，措手不及，日军很快就在滩头立住了脚。18 日晨，过河之敌已达 3000 余，并携炮 20 余门，在激烈的对射中，中国军之炮兵阵地全部被毁。没有炮火压制的日军，在第 5 航空军的支援下，势头更猛。8 时许，日军正面已无有组织的抵抗。

当日中午，日军工兵部队在中牟渡口架起了轻便渡桥，日军大部队源源南进。当时，汤恩伯仍坚持蒋介石的作战命令，让大部队继续待命，只派暂编 15 军军部及新 29 师之一团人马前去"阻敌于半渡"，结果是投卵击石，全军崩散。

中牟敌军继续向纵深挺进的同时，氓山对面的日军又发起了攻击。4 月 19 日凌晨，日军 27 师团及其他师团各一部 2000 余人，在飞机和大炮的支援下，猛攻预备第 11 师阵地。20 日晨，氓山当面敌增至 6000 余，国民党军不敌而退。

在大队日军抢占立足点的同时，4 月 18 日，日军第 227 联队长皆藤大佐率 300 余人的"郑州挺进队"以急行军姿态奔向郑州。19 日晨，该股日军潜至郑州城下，并以绳索攀上城垣，中国守军惊慌失措，未经抵抗，仓皇而遁。这样，由国民党第 85 军三万余人守备的陇海、平汉两大铁路会合处郑州落入日军之手。

郑州失守以后，日军大部队基本上已经展开。此时，汤恩伯将所带部队为两部分：南兵团以李仙洲为指挥官，辖第 12、第 29 军；北集团以王仲廉为指挥官，辖第 13、第 85 军，准备"以有力之钳形态势包围由中牟及邙山头两方面之敌于许昌、襄城、禹县、密县间地区而歼灭之"。日军早已侦破汤军使用之密码，得知"其主力正在北上，决心向我猛扑"，不胜"欣喜"。因日军早已掌握国民党军的特点：每个战区都有"核心军"，该军一垮，其他部队不足挂齿。第 13 军是汤恩伯的"核心军"，日本人正欲灭之而后快，所以，拒不理会汤恩伯的"钳形攻势"，仍以主力数万人向密县、许昌间进发。4 月 23 日夜，日军攻占密县，转向许昌。

从日军的行动态势看，就是要汤恩伯按原计划发动"钳形攻势"，但令他们失望的是，气壮如牛的汤恩伯早已率主力退到安全地带，而以新编第 29 师 2000 余人守卫许昌。4 月 26 日，日军 37、62、27 师团，战车第 3 师团及独立混成第 7 旅团包围了许昌，并发起猛烈的攻击。新 29 师人员虽少，而斗志不馁，凭借城墙、碉堡与敌周旋，用手榴弹、迫击炮杀伤大量敌军。30 日，日军发起总攻击，但新 29 师仍坚守不退。当时，日军的作战记录中，出现了不少诸如"很顽强"、"抵抗异常顽强"、"抵抗更加顽强"之类褒赞新 29 师的字句。

许昌守军坚守不退时，汤恩伯在干什么呢？他把主力隐蔽起来，只命令李仙洲率一万余人，侧击日军，指望日本军在受压后撤许昌之围。但日军抢先一步，反而对颍桥一线的援军发起了攻击。当时，中国军第20、91师面对日军七八千人，果敢实施勇敢的冲锋，但不敌日军飞机、坦克、大炮的猛烈轰炸，在伤亡逾一半的情况下，被迫后退。这样，许昌守军孤立无援，只得退出。5月1日，新29师师长吕公良在突围途中战死。

许昌失守，使蒋介石4月30日"汤兵团对窜犯许昌附近之敌，应予以严重打击"的电令化成泡影。5月1日，蒋介石再次致电汤恩伯，同意其在禹县附近与日军会战的意见，并指示守卫禹县应以一个军的兵力。对于许昌，蒋似乎还未知道吕公良已战死，仍命令对其尽力支持，"以吸引、牵制敌之兵力"。在这一份电文中，蒋提醒汤恩伯，他手下指挥着12军、13军、29军、85军、暂15军、78军，共六个军二十余万之众，远比河南境内的日军人数多，且装备精良，"值此国家板荡之秋，倚为骏殷"，希望能不负所望。

在日军的原计划中，下许昌后应下郾城，再向西迂回，包围龟缩豫西的第一战区主力，但汤军主力集中禹城后，日军如继续南下，则有遭侧后攻击之虞。于是，日军改变计划，在攻下许昌后，只派一小部继续南下，与武汉日第11军部队会师于确山；主力则立即西向，以洛阳、郏县、登封为目标，力图消灭第13军等"精锐部队"。

5月3日，日军第12军主力攻抵禹县，守军为第29军马励武部，该军以暂16师守城，以193师从右、以91师从左，向敌实施反冲击，但未奏效，三万余人被敌击溃。同时，襄城被日军占领。

郑县是第一战区南北联络的重点，国民党军以第 12 军和第 29 军各一部守卫，但不敌日第 3 坦克师团的攻击，不久溃去。接着，临汝、龙门等要地也告失陷，洛阳陷入日军三面包围之中。

5 月 9 日，日军开始对洛阳发起攻击，逐步攻占了洛阳外围据点，5 月 24 日，日军 63 师团、第 3 坦克师团对洛阳发起总攻。日军飞机、坦克首先轰塌西门及西北城墙，然后由步兵冲进，但守军以大米、食盐为工事，展开巷战，日军死伤惨重。当日下午，日军坦克部队冲入城区，左冲右突，使守军各区失去联系，意志渐归消沉，纷纷向东南方突围而去。

在围攻洛阳的同时，日军其他部队继续向西攻击：一路沿嵩卢公路，一路沿洛卢公路，一路沿陇海线。日军部队在追击中，充分发挥了其善于穿插、迂回的特点，使第一战区豫西部队溃不成军。其中，第 36 集团军司令部在陕县秦家坡被围，上将总司令李家钰战死。

其后，日军曾向潼关一带进攻，但李延年、刘戡所部利用灵宝一带的复杂地形进行了坚韧有效的防御，进攻之日军向上级报告道：

> ……遭到有力敌军阻截，前进更加缓慢，甚至秦岭山脉的山路也被敌军占领。要突破该地，无论付出多大牺牲和时间也难奏效……

于是，日军终止了"河南作战"。

洛阳攻占后，日军开始准备进攻长沙。

自武汉会战结束以来，以薛岳为首的国民党第九战区部队一直坚守着长沙，并曾取得三次"长沙大捷"，薛岳本人也被誉为"常胜将军"。所以，日军对长沙一战极为重视，"中国派遣军"司令官畑俊六特地从南京赶到武汉督战，而原驻汉口之第 11 军司令部则推进至蒲圻。在兵力方面，除 11 军原辖各师团外，又从华北调来 27、37、64 师团，并从其本土调来 47 师团，日军最精锐之第 22 飞行队也进驻粤汉线，一副志在必得的姿态。

就在日军摩拳擦掌的时候，薛岳却志得意满，无所事事。参谋长赵子立提醒他，日本可能会打通大陆交通线以代替海上补给线，薛岳傲慢地表示："自第三次长沙会战以后，日本不敢向本战区进攻！"甚至军委会电令薛"务希特别注意与积极构筑据点工事，限期完成"，薛也置之不理。

5 月中旬以后，第 11 军前线各部队已进抵攻击准备位置，薛岳这才行动起来。鉴于长沙准备不足，当时副参谋总长白崇禧奉蒋介石之命，向薛岳提议将第九战区部队主力撤往广西桂林，与第四、第七战区协力对敌。薛岳断然予以拒绝，决定"战区以保卫国土粉碎敌寇企图，于湘江东岸新墙、汨罗、捞刀河、浏阳河、渌水间，湘江西岸资水、沩水、涟水间节节阻击敌力，控置主力于两翼，在渌水、涟水北岸地区与敌决战。"为实施这一计划，薛岳从其他战区调集了 7 个军，加上原第九战区的 9 个军，布成以长沙为底的口袋阵。

薛岳的这一部署，实际上是第三次长沙会战的重演，然而，日军却不按第三次长沙会战的路线进攻了：11 军将兵力分为二线，第一线 5 个师团，大致平行地布置在岳州东西一线两侧，湘江以西配置第 40 师团，湘江以东配置 116、68、3、13 四个师团；第 58、34、

27 师团作为二线兵团，防止中国军从侧后的攻击。特别重要的是，日军为防止重蹈第三次长沙之战的覆辙，将精锐主力布置于两翼。

5 月 27 日凌晨，日军最精锐之第 3、13 师团开始向浏阳一带中国军之右翼发起攻击。28 日，中路日军 68、116 师团强渡新墙河向第 20 军发起进攻。同时，西路日军在海军的配合下，渡过洞庭湖，沿汨水溯流而上，向长乐街方面挺进。旨在切断中国军之退路。

5 月 30 日，日军中路和东路对第 20 军发起钳形攻势，第 20 军在关王桥一带进行抵抗。日 11 军司令官横山勇命令第 5 航空军加入攻击，切断我军向平江方向的退路。经苦战，20 军军长杨汉域率新20 师突出重围，第 133 师则被分割，几乎全部被歼。

5 月 31 日，远在重庆的蒋介石对日军的进攻方向提出了自己的判断："敌将利用湘江洞庭湖水路为补给线，以主力四五个师团沿湘江东岸经浏阳以西，以有力一部两三个师团分渡洞庭湖沿湘江西侧经常德、益阳会攻长沙；同时并以有力兵团（或以降落伞部队配合）钻隙奇袭衡阳，而广州之敌亦将以约一个半师团之兵力攻击曲江，以配合其湘北之作战而期打通粤汉线。"

应该说，蒋介石对日军主攻方向还是判断得相当清楚的。

6 月 4 日，西路日军一部向沅江突进，一部向南侧迂回，企图击破中国军在西翼的攻击力量。6 月 5 日，我军第 92、197 师遭敌 40、34 师团之夹击，沅江城失守。然后，该部日军扑向益阳，我第 77 师顽强防守，至 13 日，被日军突入。与此同时，日军 58 师团开始南下，6 月 8 日该部攻占湘阴。随后，会合 34、40 两师团冲向宁乡。中国第 73、79 军对宁乡之敌一度展开反攻，但收效甚微。6 月 18日，该部日军进抵长沙西郊，与守军接触后，又冲向湘乡。

东路之敌，6月5日，已到浏阳东北，击破第9战区右翼之企图明显。当日，薛岳对58、72、20军下达反攻此部日军的命令：第58军在浏阳以东文家市附近进入攻击准备，待日军进攻浏阳44军时，从东向西侧击之；72军由长寿街赶到达浒东北，准备与其他各军协同战斗；20军从献钟自北向南攻击。6月9日，三军发起攻击，予日13师团以一定的打击，但日军随即反扑，攻向第58军183师，击伤师长余建勋。11日，58军阵地全线崩溃，日军乘机攻向浏阳。14日，44军军长王泽竣率部突围。

在东路日军取得突破性进展的同时，中路日军行动缓慢，我第99军利用有利地形，步步阻击日军，日军无奈，渡湘江西进，加入原西路日军，共同向长沙侧后迂回。

6月10日，横山勇发布了攻击长沙的命令，日军各部队开始向长沙四周聚拢。6月13日，日34师团占领了岳麓山西北的前进据点，6月15日，日58、68、116师团到达长沙城外。

长沙城是第4军守卫的，下辖59、90、102三个师三万余人，另外，当时国民党仅有的七个炮兵旅中有一个驻在长沙，应该说，兵力是比较强的；而且，长沙的防守工事经多年经营，异常坚固，所以，薛岳在撤往安全地带时，曾希望第4军能像当年的第10军一样坚守孤城，以待城外各军合围，造成"第四次长沙大捷"。

但是，薛岳临走时，没有指定守城指挥官，参谋长赵子立、第4军军长张德能、炮兵指挥官王若卿各行其是，互不相让。参谋长赵子立认为，岳麓山是长沙的制高点，又是炮兵阵地所在，守住了岳麓山，即使日军占领了长沙城区，事情仍大有可为，所以要张德能把主力拉到山上，王若卿也同意这个意见。但张德能表示："长官教我以主力守长沙，我只好以主力守长沙。"赵子立打电话问薛岳，薛岳冷冷地表示："你不要指挥第 4 军。"结果，第 90 师守岳麓山，59、102 两师则在红山头—修械所—红石嘴—黄山岭—军储库—砚瓦池—一线构成半圆形的主战阵地。

6 月 16 日，日军向长沙全线发起围攻。在岳麓山阵地，日军第 34 师团攻占了 90 师的前沿阵地，傍晚，日军攻向岳麓山旁边的一个小山头，在 15 公分榴弹炮的压制下，国民党炮兵部队还手无力，主峰岌岌可危，90 师师长陈侃被迫向张德能求援。但张已无法增援，16 日晨，日军以红山头、黄土岭为突破口，向核心阵地妙高峰、天心阁猛扑。长沙城区守军据守第 10 军以前修筑的半露式地堡，予敌相当的杀伤。但日军调来重炮，逐步摧毁了守军的掩体。到 16 日晚，长沙城区阵地已失去了三分之一。

于是，张德能招来各师师长，商议转移兵力。当时，59 师师长林察贤认为城区粮弹充足，足可一守，但张信心已动摇，决定派 102 师 175 团前去岳麓山，其余部队除留 176 团据守长沙城区核心阵地外，全部陆续渡湘江西进。张德能刚做出决定，薛岳的电文到了：

> 长沙确保与否，是国家民族存亡关键所系，望该军长晓谕各级将士，奋勇杀敌，虽战至最后一兵一卒，亦要确保长沙。

张德能收到电文，深感分量非轻，又征询各师长意见，各师长因关系重大，都默不作声，结果张慨然表示责任自负，命令按计划执行。

175 团赶到江边，正欲渡江前去岳麓山，却发现江边挤满了人，原来，该团夜间调动，引起其他单位疑惑，以为是长沙已不可守，纷纷弃阵地而来到江边。当时，张德能率各师师长先渡过了江，留下副师长和参谋长指挥部队，但各副师长、参谋长又借故上船，以致江边待渡部队乱成一团，自相践踏。18 日天明，日军发现第 4 军渡江部队，以飞机、大炮、机枪一齐扫射，第 4 军死伤惨重。18 日中午，日军击溃了留在长沙核心阵地的 176 团，占领了长沙。

在占领长沙的同时，日军其余部队已向醴陵、株洲、渌口、湘潭等地进发。6 月 20 日，横山勇下达对衡阳的攻击令：

第 68、116 师团应迅速攻占衡阳……；第 13 师团围歼萍乡之敌后，占领攸县、安仁，掩护第 68、116 师团东侧；第 40 师团攻占益阳、宁乡后，占领湘乡、永丰，掩护第 68、116 师团西侧。第 34 师团在长沙外围清除残敌，第 58 师团协助在长沙、湘潭设立飞机场，第 3 师团集结萍乡以南地区，搜索和打击长、浏东北山地内前来进攻的中国军队。

同一天，国民党"军事委员会"也下达了保卫衡阳的命令：

一、王陵基指挥第 72、58、26 军迅速击破醴陵以北之敌，攻击日军主力右侧后。

二、杨森指挥第 20、44 军先击破醴陵以北地区之敌，尔后转移到王陵基所部右翼，向西攻击日军。

三、欧震指挥第 37、暂 2 军在渌口、衡山间坚持持久抵抗，阻敌深入。

四、王耀武指挥第 73、79、99、100 军和第 4 军余部向湘
江东岸敌后攻击。

五、李玉堂指挥第 10 军和暂编第 54 师防守衡阳。

从双方的作战布置来看，正好是针锋相对的，双方都把主要力
量放在侧后的攻击与防守上。衡阳保卫战的成败，取决于两翼我军
能否击破日军侧卫部队而抄日 68、116 师团的后背。

守卫衡阳的第 10 军，是一支有着光荣抗日经历的能战之旅，第
三次长沙会战时，该部曾坚守长沙 10 余日，为友军合围进攻日军起
了关键的作用。接到守卫衡阳任务后，该军立即修筑防御工事，利
用河流、山陵、城墙，将衡阳构筑成一个坚固的堡垒。军长方先觉
命令 190 师、暂 54 师守卫湘江右岸；新 19 师、预 10 师守备湘江左
岸；第 3 师守备外围下摄司一带。全军一万七千余人，斗志高昂。

6 月 23 日，日军开始对衡阳发起攻击，在扫清外围各据点后，
28 日，日军对衡阳发起了第一次总攻。

预 10 师守卫的阵地是日军进攻最激烈的地方。该师师长葛先才
在第 3 次长沙会战时是该师 30 团团长，因作战勇敢，晋升少将，并
赏洋 5000 元，是国民党军历史上继叶挺、黄琪翔之后的第三位少将
团长。此番守卫衡阳，他以 30 团坚守张家山一带核心阵地，与 28、
29 团作"品"字状，面对 116、68 两师团的轮番攻击，毫无惧色。
28 日晨，该师将 68 师团师团长左久间为人、参谋长原田贞三郎等
10 余日军高级指挥官击成重伤。日军恼羞成怒，以素称最剽悍的黑
赖联队对该部发起一轮又一轮的进攻。葛先才不甘示弱，与日军展
开夜战，激战中，月黑无光，守军以手触摸，摸到粗衣者为自己人，

光滑者为日军，即用匕首刺之。从 6 月 28 日到 7 月 2 日的五天五夜中，葛先才所部毙敌 2000 余人，使日军感到"中国军凛然的战斗意志"。

7 月 11 日，日军发起第二次总攻。

这次进攻主方向仍是预 10 师之阵地。第 28 团方面，日军在飞机、大炮的掩护下发起猖狂进攻，第 9 连全部阵亡，第 8 连亦只剩下连长与二三士兵，但该部坚守不退，毙敌百余。第 30 团方面，黑赖联队在遭受重创后，又从其他部队调集援兵，以百人为单位，轮番冲锋，张家山三得三失，6 月 13 日下午，终因弹尽援断，阵地失守。第 29 团方面，守军坚守虎形巢，11、12 日，日军两次进攻失败，13 日，日军千余人再次蜂拥而上，李振武营长率大部士兵壮烈殉国，14 日，日军爬上虎形巢守军指挥所碉堡之上，第 1 营营长劳耀武及第 3 营营长孙虎斌等数百人在力战后亦全部捐躯。

7 月 12 日，蒋介石下令衡阳周围各军往解衡阳之围，并令原第10 军军长、现 36 集团军总司令李玉堂率 62 军、79 军向衡阳西南、西北猛攻。7 月 20 日，62 军已进抵衡阳南火车站，但遭日军反扑，23 日后撤。7 月 27 日，军委会令 46 军、74 军加入攻击，8 月 2 日，74 军占领鸡窝山，46 军占领雨母山，与第 10 军枪炮相闻，但始终无法与之接通。

8 月 1 日，日第 11 军司令官横山勇身佩"天照皇大神宫"之符，来到衡阳前线，亲自指挥 68、116、40、58、13 等师团对第 10军作战。8 月 4 日晨，日军对衡阳发起第三次总攻。8 月 5 日，日军占领第 10 军第 2 线阵地。8 月 7 日，方先觉与四师长联名通电蒋介石：

212

敌人今晨由北城突入以后，即在城内展开巷战，我官兵伤亡殆尽，刻再已无兵可资堵击，职等誓以一死报党国，勉尽军人天职，决不负钧座平生作育之至意，此电恐为最后一电，来生再见！

但是，8月8日上午10时，方先觉与各师长在取得日军保护其生命安全的承诺后投降了。

衡阳保卫战坚持47天，第10军17600余人死伤15000余人，毙伤日军19380余人，其中高级将领390余人。如果国民党其他部队能像第10军一样勇敢善战，衡阳保卫战的结果一定可以改写。从这个意义上讲，我们决不能因为方先觉等人最终向日军投降（后来他们乘日军不备，又逃回重庆）而否认第10军广大官兵在抗日战争史上应有的地位。

攻占衡阳后，日军大本营决定设立第六方面军，以冈村宁次大将为司令，统率11、23、34军及长沙、衡阳地区的直辖部队，准备在桂林、柳州地区予国民党军最后一击。8月中旬，日军第3、13、58、40、116、37师团开始向广西境内进发。除在湘桂边境之黄沙河遭到国民军第13军一个营的象征性抵抗外，各路日军兵不血刃，9月中旬，抵达全州城外。桂柳会战拉开帷幕。

早在1944年3月间，日军大本营就制定了湘桂战役第二期作战指导要领："8月中旬前后，第11军从湘桂铁路沿线地区，第23军从西江沿岸地区，开始两面夹击，歼灭第4战区敌军及密集其附近的敌军，分别攻占桂林和柳州，时间大致定为9月下旬前后。"如果不是伪造史料的话，日军的指导要领与实战有惊人的契合之处。

相比之下，以蒋介石为首的国民党"军委会"在作战指导上却极形混乱，时常有脱离实际之处。9 月初，蒋介石电令各军："全州工事及其他作战诸准备应迅速完成"，"国军以乘敌突进与（予）以打击之目的，决在黄沙河及全县附近夹击之。"为此，他要 27 集团军杨森部在道县集结，攻敌之左侧背，36 集团军李玉堂部在新宁附近攻敌之右侧背。

但是，未等 27、36 集团军到达攻击位置，日军已进抵全州。9 月 13 日，日军 4000 余人在大炮、战车的配合下向全州驻军第 93 军陈牧农部发起攻击。14 日，陈牧农率部撤退。撤退前，守军放火焚烧了堆积在这里的大量汽油、枪炮、被服等军用物资。

10 月中旬，疲惫之极的日军先头部队向大榕江、高上田等地发起了攻击，直到此时，第四战区才制定了作战计划：

> 战区以确保桂柳，并掩护柳州空军基地之目的，决以有力兵团于荔浦、桂林各附近地区，拒止湘桂路及龙虎关方面之敌，以优势兵力集结于武宣东南附近地区，先击破进犯西江之敌，以利尔后作战。

但是，国民党军乃纸上谈兵，他们还没布置好，西江之敌先击溃了他们。9 月上旬，日 23 军第 104、22 师团各一部约七八千人开始向西江上游进发。中旬，占领了四会、高要等地。20 日，该部日军与由雷州半岛北上的三、四千日军会合攻抵梧州城下。22 日，克梧州。25 日，克龙虎关。28 日，美军前进机场丹竹为日军所占。11 月初，该部日军与大榕江等地的日军汇合。11 月 12 日，日军占领桂平。

在西江方面敌军顺利进展之际，桂北主战况激烈。

10月16日，中国第10师与进犯大榕江之日军发生激战，阵地几度易手，但经有力反击，仍得确保。日军欲捕捉中国军主力，向大榕江增兵；中国方面也将79、93军向该地集中。10月28日，两军之接合部被敌突破，遂向桂林、永福退去。与此同时，日军攻占了高上田。30日，日军主力到达桂林火车站附近。

在正面日军努力推进之际，东路日军向桂林东南急进迂回。11月初，日军陷荔浦、阳朔。接着，日军两个大队及三个炮兵中队攻向永福。永福为十六集团军总司令夏威驻地，兵力雄厚，但军无斗志，立刻逃走。日军冲进司令部时，饭菜尚温。永福的陷落，使桂、柳间联络中断，桂林处于包围之中。

桂林的城防是由第16集团军副总司令兼桂林城防司令韦云淞负责的。早在9月上旬，张发奎就在第四战区的军事会议上决定以第31、46两军坚守桂林，希望创造"衡阳第二"的奇迹。但两军畏敌不前，运动缓慢，到日军合围前，真正进入桂林城的只有131师和170师，另加79军的一个团和榴弹炮一连。守城士兵因力量单薄，知桂林必不能守，整日花天酒地，军纪废弛。

10月28日，日军已达桂林郊外。31日，日军开始攻击北极路一带，并试探性地攻击屏风山等地。11月2日，日军大部队开到，战斗趋于激烈。3日，日军以耕牛排除城南之地雷，向城垣进击，守军炮兵不畏艰险，抵近射击，予敌相当杀伤。4日，屏风山、猫儿山陷落。

6日至7日，桂林城外日军已达20000余人，他们以毒气、火焰喷射器向七星岩等处进攻，城北守军阵地相继失陷，守军几乎全部牺牲。8日，日军在以密集炮火轰炸桂林10分钟后发起了总攻，守军冒死狙击，坚守城东南中正桥一带，下午，日军在付出两个分队全部被歼的代价后，占领中正桥头堡。韦云淞悬出重赏，170师以各班长和上等兵组成敢死队，持火箭筒、手榴弹冲入敌阵，终将阵地夺回。8日傍晚，日军40师团占领桂林制高点伏波山，摧毁了我军阻敌过河之火力点，大队日军渡过桂江。是日晚，日军从桂林东北冲进桂林市中心，将桂林切成南北两段。9日，韦云淞见大势已去，命令各师突围。131师驻守桂林北半部，被日军分割，无法突围，师长阚维雍悲愤自杀。170师由副师长率领向南突围，大部突出，但该副师长伤重被俘。韦云淞的参谋长陈继桓在突围中掉队，行动不便而阵亡。11日，桂林全城沦陷。

在日军对桂林发起总攻击前夕，11军司令官命令第3、13两师团乘虚向柳州扑去。11月初，两师团一路未遇抵抗地抵达柳州近郊。随即，分兵一股在柳州西南渡过柳江，堵住中国军之后路。9日，日军发起攻击。10日，守城部队第27集团军接获张发奎电话："应避免无谓牺牲"，遂向西突围。11日，柳州亦为日军占领。

桂柳失陷后，日军兵分两路：一路以23军为主力，南下攻击南宁，24日，占领南宁机场，12月10日，与越北日第21军会师于绥渌，正式打通了大陆交通线；另一路以第3、13师团为主力，向桂西进攻，11月15日，该部日军轻取宜山，21日，下河池，缴获国民党军从湖南、广西疏散来的大量物资，22日，击破27集团军在思恩、荔浦等处的防守，28日，第3师团攻克黎明关，深入贵州境内，12月3日，13师团攻占贵州独山。

216

西路日军的狂飙突进，引起蒋介石极大的惊慌，他惊呼：

> 战况危急，不仅西南各省人心摇动，而英美且有要求撤侨之事，益造成社会之惶惑不安。八年抗战之险恶未有如今日之甚者也。

其实，日军之攻势已成强弩之末。半年多的征战，使日军物资消耗殆尽，至桂林城下时，日军已几乎没有炮弹可用；士兵饥疲不堪，进入冬季后，还穿着夏装；更为重要的是，中、美空军的优势日益明显，到衡阳失守后，已达日军第 5 航空军的 5 倍，他们不分昼夜地轰炸，不仅切断了日军的运输线，还给日军地面部队以重大杀伤，使日军只能在夜间行军、野外宿营，战斗力急剧下降。

12 月 4 日，日军开始后撤。历时半年多的豫、湘、桂战役正式结束。

在豫、湘、桂大溃退中，国民党损失了五六十万军队，丢失国土 20 多万平方公里。人民的生命财产损失更是不计其数：仅萍乡一地，人民被杀 19000 余人，被掳当壮丁 2 万余人，妇女被辱者 6000 余人。豫、湘、桂大溃退，极大地损害了中国战场的国际形象，对造成战后中国身为四大盟国之一而"两手空空"、无所收获的结果负有直接的责任。但是，任何事情都是一分为二的，日本防卫厅研修所战史室在《大本营陆军部·河南会战》中写道：

> 本作战虽然打击了在华北的重庆军，却因减少了确保占领区的兵力，削弱了日军对共产军的压力，因而影响了国共双方

力量的对比。对此，看来有必要从更深远的观点出发，去进行探讨。

事实上，不独华北地区如此，《中国共产党的七十年》写道：

当国民党战场出现大溃退时，八路军第一二〇师三五九旅主力四千余人在 10 月 31 日组成南下支队，以王震为司令员、王首道为政治委员。南下支队由延安出发，向被日军侵占的豫、鄂、湘、粤敌后挺进，开辟了新的抗日根据地。

日本投降后，美国用飞机向沦陷区民众抛撒的传单

十二

来之不易的胜利

德、日、意法西斯轴心联盟在第二次世界大战之初,利用卑鄙无耻的突然袭击曾一度占据有利形势,但在全世界人民的联合打击下,他们的优势逐渐失去。

1943年7月10日,英、美盟军在西西里登陆,意大利前总参谋长巴多格利奥元帅发动政变,推翻墨索里尼,成立新政府。8月,新政府宣布无条件投降,9月3日签署投降协定,随即加入盟军阵营,对德、日宣战。

1944年,除中国大陆战场外,盟军在各战场进展极为顺利:

在欧洲。1月27日,苏联红军击破列宁格勒外围德军,解除了长达二年半的包围。4月10日,苏军收复黑海沿岸重要港口敖得萨。6月5日,德军在英、美盟军压力下撤出罗马。6月6日,英、美盟军数十万人在法国北部诺曼底半岛登陆,开辟了第二战场。9月16日,苏军进入保加利亚首都索菲亚。10月1日,美、英联军登陆希腊。10月12日,苏军攻占里加。11月3日,英、美军攻占比利时。11月20日,美军突入阿尔萨斯。12月,美、英军击败德军在阿登

220

凸出地带的反攻。

在太平洋战场上。美军依靠占优势的海空力量，采用蛙跳战术，向日军所谓的"绝对国防圈"发起了冲击。1944年1月5日，日军从芬什哈芬撤退。1月11日，同盟军飞机再次轰炸台湾。1月30日，美军袭击马绍尔群岛。2月4日，美军全歼夸贾林和卢奥特两岛日军守备部队。2月17日，美军对特鲁克展开大规模空袭。3月中旬，美军全部切断印度洋东南海面的日军海上运输线，3月31日，日军联合舰队司令长官古贺在达沃战死。5月初，日军驻守西新几内亚的部队被迫后撤。6月，美军以15000人的代价攻取马里亚纳群岛，取得用B29轰炸机轰炸日本本土的前进基地。6月15日，美军在塞班岛登陆，半月后，驻塞班日军全部"玉碎"。7月21日，美军在号称"太平洋心脏"的关岛登陆，一个月后，全部攻占该岛。8月21日，美军空袭马尼拉。10月17日，美军在莱特湾登陆，随即与日军展开海、陆、空立体战，日海军严重受损，两个月后，该岛日军全体战死。12月，美军开始攻击硫黄岛，并在次年三月将该岛完全占领，从而对日本本土形成了直接威胁。

这一切，使日本帝国主义处于空前困难的境地。

然而，日本并不甘心失败，它乘国民党在豫、湘、桂溃败之际，发动了湘西会战，企图在美军进军日本四岛之前，迫使中国投降。

1945年3月，驻衡阳日军第20军所辖27、68、64、116各师团开始修筑衡阳—邵阳（宝庆）公路，并囤积粮食、弹药于邵阳附近。该军司令官坂西一郎中将决定作战分两步：第一步，以一部由新化和新宁方面进攻，主力由宝庆—洞口—安江（黔阳）一线以北进攻，将中国军主力包围在洞口、武冈，或者沅江以东地区加以歼灭；第二步，向芷江突进，占领该地之美空军基地。

在日军跃跃欲试的时候，蒋介石派参谋总长何应钦兼任陆军总司令，统辖西南各军。在美军顾问的提议下，蒋将西南各军编成四个方面军，以卢汉、张发奎、汤恩伯、王耀武为司令官，地位与战区司令长官相等而专司野战之责。另外，由于缅甸我军的辉煌胜利，美国武器源源沿中印公路输进中国，蒋介石将这些美式装备优先供应了湘西各军，使其战斗力有很大的提高。

1945年3月，陆军总部对敌情进行了分析，判断"敌主力进犯方向，公算最大者，为宝庆、永丰一带，沿宝榆（树湾）公路及其以北地区，分路窜犯芷江、辰溪。次为由桂林沿桂穗公路进犯三穗、芷江。而常、桃方面，可能以有力一部或小部进扰策应。"基于此判断，陆军总部以王耀武集团为主决定了作战方针：

王耀武集团（18军、73军、74军、100军），应以主力控制宝榆公路，各以有力一部控制新化、溆浦及常、桃方面。

汤恩伯边区以87军任桂穗路之作战，并控制94军、9军，必要时13军一部于要地机动使用。

陆军总部准备以新6军、第六战区抽调一个军（王敬久集团主力）及现任清乡之86军主力，策应作战。

根据陆军总部的决定，王耀武以74、100两军进驻武冈、洞口，担任正面阻击任务，而以18军、73军驻溆浦、新化，准备侧击日军。值得注意的是，为对日军最后一战，蒋介石拿出了自己的"王牌"：74军和18军。

4 月 15 日，日军关根支队从东安出发，扑向新宁。占领新宁后，该支队按坂西一良命令，各以一部向武冈西北瓦屋塘及武冈正面推进，但在 58 师的阻击下，不得前进。与此同时，由新化西进之日军重庆支队向洋溪 73 军阵地猛扑，其一部曾冲入阵地中，但 73 军临乱不慌，果断予以全歼。这样，日军三支进攻部队中，已有二支受阻。

中路是日军主力 116 师团，该师以 120 联队为左翼、109 联队为右翼、133 联队为中路分三路向 74、100 军猛扑。两军按预定计划，将日军诱往雪峰山南北之线。4 月 26 日，120 联队在 58 师阻击下，滞于洞口；133 联队在 57 师和暂 6 师的打击下，滞于洞口以南；109 联队受 51 师阻击，亦滞于放洞。

在坂西一良率军西进的同时，湘、桂边境之第 3 方面军 26 军和 94 军击破了由桂林北上增援的日军；湘西北第 6 战区的 92 军和暂 52 师也迅速接替了 18 军在常、桃方面的防务，使 18 军得以迅速南下。这样，湘西之敌面临着两翼侧击的危险。

5 月 6 日，王耀武发布了对日军的包围攻击令：

一、当面之敌，经我各部坚强阻击，伤亡甚重，其攻势已呈顿挫。

二、为歼灭当面之敌，方面军决全面转移攻势，置主决战于两翼，压迫敌人于雪峰山东麓捕捉歼灭之。

三、第 74 军除于武冈、唐家坊、瓦屋塘各据点任一部守备外，其余即由唐家坊、瓦屋塘、金屋塘之线，重点保持于右，攻击当面之敌。……

四、新编第 6 军应即推进至江口附近就攻击准备位置，逐次攻击肝溪、坪江、下查坪及洞口附近之敌……

五、第 100 军务迅速肃清放洞附近之敌，尔后协力新编第 6 军，重点保持于右，攻击当面之敌……

六、第 18 军即集结于小沙江、隆回司、黄泥井间地区，重点保持于右，攻击当面之敌……

七、第 73 军以主力迅速击灭洋溪附近之敌，以有力一部即集结于大桥边，重点保持于右，向滩头、巨口铺等处之敌攻击……

就在王耀武试图全歼日军之际，日军内部就是否应进攻芷江爆发了争论。早在 4 月底，第 6 方面军收到中国新 6 军加入作战的情报后，就怀疑坂西一良是否要陷入危境。"中国派遣军"总部已进行了讨论，认为根据 20 军目前的进展速度，无论如何也到不了芷江。5 月初，第 6 方面军参谋中村向坂西一良指示：20 军应止于沅江一线不再深入。但坂西一良反而提出增加两三个师团，予中国军以"更大打击"。"中国派遣军"司令冈村宁次对 20 军的要求颇为赞同，但其参谋宫崎认为，如要达到芷江，以中国军目前的实力，至少需 7 个师团，到 7 月上旬才可打到芷江，这将对大本营准备以主力对美作战的计划形成抵触。5 月 7 日，其参谋长小林也劝其放弃芷江作战。于是，冈村宁次命令坂西一良撤出战斗。5 月 9 日，坂西收到此项命令。

但此时，日军已被中国军咬住。其中，109 联队在放洞地区被51、63、19 三个师包围，经多日战斗，到 13 日时，109 联队弹尽粮

224

绝，士兵只能以野菜充饥。116 师团长内田园之助决心率师团主力往救。14 日，133、120 联队到达山门和石下江，遭我 11、118、57、193 四个师的攻击。当时，109 联队已发出诀别电报，部分日军受伤士兵也已就地自杀，希望内田园之助率其他日军后撤。但内田不为所动，15 日，冲入峡谷与 109 联队会合。

日军会合后，王耀武所部将其团团包围。17 日，中美空军以凝固汽油弹轰炸狭谷内日军 116 师团，133 联队几乎全军就歼。18 日，日军以 120 联队在前、109 联队在后，向狭口猛冲，我守军各部居高临下，予敌以痛快淋漓的杀伤。20 日，116 师团残部 2000 余人突出包围圈。

湘西会战的战果，在整个抗日战争正面战场上是极为罕见的：我守军死伤 19000 余人，而日军伤亡达 29000 余人。究其原因，首先是中国军队的装备有了显著的改善，参战各军，除 100 军只有三分之一使用美械外，其余全部使用美械，以前日军一大队火力即可与中国军一师相比，而此时，国民党一个军已足与日军一师团相抗衡；其次，中美空军优势十分明显，与日军相比，不仅数量上有 5∶1 的优势，质量上，美制 B29、P40 式轰炸机、战斗机亦较日军同类机先进；第三，中国军之指挥有了改善，何应钦以其擅长的侧翼攻击代替了以往的直线平面阵地战法，先断敌两侧，再对主力予以围歼，充分利用了湘西的有利地形；第四，从日军方面讲，明知中国方面在湘西集结重兵，却只派七万余人前往攻击，这一方面体现了日军的骄傲，另一方面也显示了日军已陷入无兵可用的窘境，终于被中国军大败，可算是咎由自取。

1945 年 5 月 11 日，重庆《大公报》评论道：

湘西日寇离芷江还相当远，就演了水中捞月的悲惨剧。湘西会战，说明大陆上的日寇心虚体弱，其一切挣扎只是徒劳，无从挽救它覆败的命运！

的确，湘西会战以后，中国战区范围内，再也没有发生大规模的战役，日军已"将中国大陆的作战，转变为以美军为主要敌人的作战。"

与日军在正面战场取得短暂胜利、并最终陷入困境同时，中国共产党领导的敌后战场发起了反攻。在山东，鲁中区八路军1944年3至4月发起春季攻势，解放村庄千余个；胶东区我军发起夏季攻势，解放荣成、文登两个县城；7至9月，渤海区我军发起秋季攻势，克复4个县城；7至11月，滨海区我军发起胶边攻势，收复莒县。在晋察冀，八路军连克芦龙、昌黎、晋县等城镇，拔敌据点1500余。在晋冀鲁豫，八路军收复国土9000多平方公里，克10余县城，解放同胞500余万人。在华中，1944年3月，新四军一师发起车桥战役，解放人民近百万，与此同时，新四军其他各部攻克涟水、阜宁等城，使苏北根据地连成一片，苏南新四军也积极进展，威胁了宁、沪、杭等战略要地。在豫南，李先念率新四军第5师发起进攻，创造了一块30余万平方公里、人口920万人的中原解放区。另外，晋绥我八路军、珠江流域之东江游击纵队、海南之琼崖纵队均取得积极的进展。据统计，到1945年春，中国共产党领导下的抗日根据地已有19块，总面积95万平方公里，人口9550余万人，人民抗日武装上升到91万人，民兵达220万人。

1945年6月，美军攻占琉球群岛。

1945 年 7 月 26 日，中、美、英三国发表了敦促日本无条件投降之《波茨坦公告》：

> 余等：美国总统、中华民国国民政府主席，和英国首相，代表余等亿万国民，业经会商，并同意对日本应予以一机会，以结束此次战争。
>
> ……
>
> 现时业已到来，日本必须决定一途，其将继续受其一意孤行计算错误，使日本帝国已陷于完全毁灭境地之军人统制，抑或走向理智之路。
>
> ……
>
> 吾人通告日本政府立即宣布所有日本武装部队无条件投降，并对此种行动诚意实行予以适当及充分之保证。除此一途，日本即将迅速完全毁灭。

7 月 28 日，日本首相铃木贯太郎表示：

> 我认为那份公告不过是开罗宣言的翻版。政府认为并无任何主要价值。只有对它置之不理。我们只能为战争到底向前迈进。

早在日本明确拒绝《波茨坦公告》之前，7 月 24 日，美参谋长联席会议主席发布了投掷原子弹的指令。日本拒绝投降后，美军加紧实施投掷准备。8 月 2 日，美空军 20 大队发出作战命令，以广岛为第一目标，小仓为第二目标，长崎为第三目标。

1945 年 8 月 6 日 1 时 45 分，蒂贝茨上校驾驶着依诺拉·盖伊号飞机从提尼安岛起飞。7 时 15 分，先期飞行抵达广岛的气象观测机报告说："低层云及中层云的云量为十分之二，海拔 15000 英尺云量十分之二"，即晴朗天气。8 时 11 分，盖伊号开始进入投弹航路，机电手接通了炸弹电源。8 时 15 分，炸弹从弹仓中徐徐滑下，50 秒后，人类历史上第一颗实战原子弹放射出比太阳亮一千倍的光芒，蘑菇云急冲到 50000 英尺，巨大的冲击波，使飞机感到失去控制的危险。

繁华的广岛瞬间变成了瓦砾场。在爆炸中心的相生桥上，几个正在行走的人立即等离子化，只在桥面上留下清晰的身影。全城 320081 人，死 118661 人，伤 79130 人，生死不明者 3677 人。

8 月 9 日，由于苏联红军已参战，加上日本仍未表示无条件投降，美军决定投掷第二颗原子弹。当时，美轰炸机抵达小仓上空，反复盘旋，终因云层太厚，改向长崎。11 时 2 分，原子弹爆炸。但因长崎市内多山丘，冲击波受到影响，死伤八万余人。

就在美国投下原子弹前不久，早在 1945 年 4 月废除了《日苏中立条约》的苏联做好了出兵中国东北的准备。8 月 2 日，苏滨海军队集群改称远东第一方面军，司令麦列茨科夫元帅；原苏联远东方面军改称远东第二方面军，司令普尔卡耶夫大将；他们和马利诺夫斯基元帅指挥的后贝加尔方面军一起，组成苏军对日作战的基本力量，著名的华西列夫斯基元帅任总司令。下辖 11 个集团军、1 个坦克集团军、3 个航空集团军，共 1577725 人、3400 架飞机、5500 辆坦克，对日本关东军形成绝对优势。

广岛原子弹的落下，使苏联政府认识到战争的进程将大为缩短，于是决定提前对日开战。8月8日，莫斯科时间下午5时，苏外交人民委员莫洛托夫约见日本驻苏大使佐藤，告知苏将于8月9日零时对日宣战。一个小时后（东京时间8月9日零时），百万苏联红军分兵四路突入中国东北境内。

第一路是后贝加尔方面军，从蒙古向东，目的与西进之远东第一方面军合围，包围关东军之第三方面军于长春、沈阳地区；第二路是苏蒙联军，目标指向承德、锦州、张家口；第三路是远东第一方面军北翼，任务是从东面突入，包围关东军之第一方面军于牡丹江、敦化地区，然后向长春、哈尔滨、吉林突击；第四路是远东第二方面军，任务是策应后贝加尔方面军和远东第一方面军，在红旗阿穆尔河舰队的协同下，渡过黑龙江、乌苏里江，向哈尔滨、齐齐哈尔进攻，消灭关东军之独立第4军。

对苏军的进攻，关东军早有警觉，8月9日2时（东京时间，下同），关东军命令"各方面军、各军及关东军直属部队，分别反击入侵之敌，并迅速准备全面开战。"同时，实施《战时防卫规定》与《满洲国防卫法》，并废除了《关东军满苏蒙国境警备要纲》。随后，日军大本营命令关东军总司令山田乙三大将暂以现有兵力击破进攻之敌，命令中国派遣军向东北转调6个师团和6个旅团，并命令日本土之第1、2总军和航空总军加强对日本海正面的战备。

苏军出兵东北，在日本政府内部产生巨大震动，立即召开了最高战争指导会议。首相铃木贯太郎表示："今晨苏联对我开战，将我们逼入绝境，无法继续进行战争。"结果，会议决定附加四个条件接受《波茨坦宣言》：一、保证皇室地位，二、自主地撤兵，三、在本国处理战争责任者，四、不实行保障占领。

然而，就在日本政府向中、美、苏、英四国发表乙降书前 1 个小时，日本陆相阿南惟几未经其政府同意，向日军发布了以下训令：

告全军将士：苏联终于入寇皇国，无论文词如何粉饰，其侵略与称霸东亚之野心昭然若揭。事已至此，又复何言，只有毅然决然将维护神州之圣战战斗到底。

日军大本营亦对关东军发布以下命令：

一、大本营之企图，期望完成对美之主作战，同时为摧毁苏联之野心重新开始全面作战，击破苏军以捍卫国体，保全皇土。

二、关东军总司令官将主作战指向苏联，随处击破来攻之敌，保卫朝鲜。

鉴于日军仍对苏军持抵抗态度，苏联政府命令远东军继续进攻。8 月 11 日，后贝加尔军攻占鲁北、突泉、洮南、多伦；远东第一方面军北翼 14 日攻占牡丹江，其南翼在太平洋舰队配合下，8 月 12 日占领朝鲜北部之雄基、罗基、清津；远东第二方面军 8 月 14 日占领饶河、宝清。

日本政府 8 月 14 日宣布无条件投降后，关东军仍在抵抗，但已溃不成军，各自为政。8 月 18 日，关东军司令官山田乙三召集第 1、3 方面军，独立第 4 军和第 2 航空军指挥官到长春，下达投降命令。

8 月 19 日，苏军命令关东军全体在 20 日 20 时以前放下武器。

8 月 20 日，后贝加尔军占领长春、沈阳，远东第一方面军与第二方面军一起，占领吉林、哈尔滨，苏蒙联军也已击溃日军承德支队，占领承德、张家口。22 日，后贝加尔方面军到达旅顺、大连，24 日，远东第一方面军南翼部队攻占平壤，并在金日成领导的游击队的配合下，攻至三八线。

在向中国东北进军的同时，8 月 11 日，苏军第二方面军越过北纬 50 度，向库页岛南部日军第 88 师团发起攻击，迅速攻下八方山东北侧制高点。日第 5 方面军紧急从第 7 师团抽调一支由步兵 3 个大队、炮兵 1 个大队组成的部队，前去增援，但在优势苏军的攻击下，阵线相继崩溃。8 月 22 日，88 师团全部停止抵抗，25 日，苏军占领落合、丰原，太平洋舰队一部占领大泊。

千岛群岛亦是苏军进攻的目标，当时，日军 91 师团和 1 个混成旅团驻守北千岛，1 个独立混成旅团驻守中千岛，89 师团驻守南千岛，共约 5.6 万人。8 月 14 日，苏远东第二方面军和太平洋舰队开始从堪察加半岛最南端向占守岛炮击，18 日占领该岛。8 月 23 日，日军与苏军订立停战协定。9 月 1 日，苏军占领国后岛、色丹岛。

在将近一个月的远东作战中，苏军共击毙日军 83,737 人，俘虏 594000 人，缴获大炮 1565 门、坦克 600 辆、飞机 861 架，取得了辉煌的胜利。

客观地说，苏军出兵东北，对中国人民抗日战争的胜利起了很大的作用，国共两党的领袖对此均有高度的评价，毛泽东说："百万红军进入中国东北，这个力量是不可抗拒的。日本帝国主义已经不能继续打下去了。"蒋介石也说：苏联"参加对日之战，也成了暴敌提前崩溃的最后因素。"的确，苏联红军在短短的一个月中消灭的日军人数是美军在太平洋上所消灭日军的 2 至 3 倍，这一历史功绩，中国人民从未忘记。

然而，苏军在围歼日军的同时，也暴露了大国沙文主义的恶习：他们不仅枪杀日本侨民，也杀害无辜的中国居民，苏军掳走的各种财物价值达 50 亿美元之巨。苏军还根据其政府与美国政府及国民政府订立的秘密协定，强行"租借"大连、旅顺，破坏了中国的主权与领土完整。

在得知苏军已出兵东北后，8 月 9 日，毛泽东发表《对日寇最后一战》。10 日、11 日，延安总部向各地人民抗日武装连续发出七道进军命令。八路军、新四军和其他人民抗日武装立即发起反攻，坚决歼灭拒不投降之日军，猛烈地扩大了抗日根据地，迅速扩充了数十万正规军和民兵，为即将到来的更严峻的斗争做好了准备。

相比之下，蒋介石似乎晚了一步。他在 8 月 10 日接获日本政府通过瑞士、瑞典两中立国转送的无条件投降书后，才命令何应钦，要他转告冈村宁次，"维持现状"，并且，"除按政府指定之军事长官的命令之外，不得向任何人投降。"11 日，他命令中央军"积极推进，勿稍松懈"，命令伪军"保护人民，乘机赎罪"，命令八路军"各部勿再擅自行动"。这三道命令的内涵非常明显，显示了蒋介石急欲由自己掌握抗战胜利果实的心态，自然为中国共产党所无法接受。

8 月 14 日，日本政府向中、美、苏、英四国拍发了投降公告：

一、天皇陛下已经颁布关于接受波茨坦公告条款的诏书；

二、天皇陛下授予其政府及大本营签署为实施波茨坦公告各项规定必要条款的权限，并有保障这种权限的准备。再者，陛下准备命令所有日本国陆海空军官宪指挥下的所有军队，停止战斗行为，交出武器，准备发出为实施上述条款盟国最高司令官所要求的命令。

日本决定投降，与裕仁天皇的"圣断"有很大的关系。开始，盟国方面拒绝就"维护国体"做出承诺，并宣布对日本的处理，同盟国有全权，不能接受保留天皇制的先决条件，所以，日本方面一再表示要"玉碎"到底。但不久，日本得到美国方面，特别是麦克阿瑟将军无意废除天皇制的信息，内部主和势力立即抬头。在 8 月 10 日的"御前会议"上，天皇表示，如果继续战斗下去，"日本民族和国家均将灭亡！我赞成外相意见！"结果，以陆相阿南惟几为代表的主战派只有服从。会议之后，裕仁又对木户幸一表示，陆海空军虽表示决一死战，但并未做好决战准备，所以只好体念明治天皇接受三国干涉还辽时的心境，同意外相东乡茂德的无条件投降意见。

天皇一决定结束战争，形势已呈一面倒的局面。但畑中健少佐、椎崎二郎中佐、竹下正彦中佐等军务局少壮军官动员陆相阿南惟几，表示"纵作逆臣"，但"为永保国体"，希陆军"奋起"。阿南惟几对他们的行动深表赞同，但表示已领受"圣谕"，不便出面，愿意暗中相助，并告诉他们已有人注意到陆军的不安分，象天皇之弟三笠宫亲王。

畑中等立即前去动员参谋总长杉山元，杉山元当时和永野修身、烟俊六并为日军三元帅，地位极高。畑中等人请求他在元帅会议上奏请天皇继续抗战。但杉山元表示，"关于国体，敌亦承认，毫无不安之处，关于敌之保障占领，虽不无可虑之处，但如继续战争，则国体与国家之将来同归于尽，一无所存。"拒绝合作。烟俊六、永野修身及陆军参谋总长梅津、海军军令部总长丰田此后也分别奉劝他们接受事实。

军中高层领导的反对，使畑中等决心铤而走险，准备占领宫城，挟持天皇，不准其广播停战诏书，以继续战争。8月14日夜，畑中健、椎崎二郎、井田正孝来到卫戍东京的近卫师团司令部，向师团长森中将提出起事事宜，森以早有"圣断"，予以拒绝。这时，日本陆军通信学校的军官闻讯前来声援，强迫森签署战斗命令，森仍坚持不肯。畑中立即向森开枪射击，并举刀乱砍，森当场死于非命。

随后，井田与已被说服的近卫师团的水谷一生大佐前去东部总军司令部，一些人起草所谓的师团命令，畑中、椎崎则到守卫宫城的步兵第2联队处守候。不久，该联队即收到伪造的近卫师团命令，该命令要求第2联队断绝宫城与外界的交通，同时命令第1、6、7联队包围占领宫城，"护卫天皇陛下"。

在东部总军司令部，由于原先参与起事的一参谋的报告，已发觉情况发生变化；等井田与水谷赶到时，已知事情的详情；随后，第7联队长皆美贞作大佐发觉命令可疑，又报告了总军。于是，东部总军司令官田中大将立即发出命令，通知各联队长不要执行师团命令。自己则立即驱车前往宫城。

田中赶到宫城，发现第1联队长渡边多粮大佐正要出发，立即令参谋将其逮捕。赶到第2联队时，芳贺大佐已发觉畑中、椎崎的可疑，奉令立即解除戒备。接着，田中一路未遇抵抗地进入宫城，战战兢兢的裕仁天皇这才舒了一口气。

畑中、椎崎见计划破产，万念俱灰，遂到宫城广场，切腹自杀。

在畑中、椎崎起事的同时，横滨警备第3旅团司令部的佐佐木武雄大尉率100多人的别动队，袭击了日本首相铃木贯太郎、木户幸一、平沼男爵等政要宅邸，但未获目标。

在得知起事不顺利、天皇录音即将如期播放的消息后，阿南惟几向身边的参谋人员表示要向天皇和森中将"谢罪"，在留下"坚信神州不灭"的遗言后，切腹自杀。

8月15日正午，日本天皇裕仁向他的臣民们宣读了投降诏书。日本各地掀起自杀浪潮。

同日，国民政府主席蒋介石令日本"中国派遣军"司令冈村宁次派代表至玉山接受中国陆军总司令何应钦的命令。

同日，冈村宁次在召集全体司令部人员"躬听"了天皇诏书后，向日军参谋总长表示：中国派遣军拥有百万大军，且战无不胜，现在战争虽已失败，但以如此优势的军队向较弱的中国军队投降，实为不应有之事。希望迅速与中国接洽好集中与送返的地点，并保护好日本侨民。第二天，冈村宁次令全体驻华日军停止战斗，但在"不得已"的情况下，可以自卫。8月17日，冈村宁次更通告蒋介石，请求他下令全中国军队停止战斗行为，否则，日军对采取"不稳行动者，均视为不服从蒋委员长之命令"，而采取自卫行动。由于蒋介石当时不愿看到中共的壮大，对上述请求采取了默许态度。

8月21日，日本乞降使节今井武夫等一行，按中国方面的要求，乘坐带红色风幡标志的运输机到达常德上空，随即在中国空军6架P34型战斗机的掩护下，到达芷江机场。在会谈中，何应钦向日方

1945年9月，何应钦代表中国战区最高统帅蒋介石接受日本中国派遣军总司令官冈村宁次投降

代表提交了一份受降备忘录。备忘录称："余以中国战区陆军总司令之地位，奉中国战区最高统帅特级上将蒋中正之命令，接受在中华民国（辽宁、吉林、黑龙江除外）、台湾及越南北纬16度以北地区之日本高级指挥官及全部陆海空军并附属部队之投降。"备忘录还宣布以冈村宁次负责执行备忘录的一切要求和日军投降的具体事宜。

9月2日，日本政府全权代表重光葵、梅津美治郎等在美舰"密苏里"号上，向以远东太平洋盟军最高统帅麦克阿瑟为首的盟军代表投降。中国军政部部长徐永昌上将参加了受降仪式。

1945年9月9日，中国战区日本投降签字仪式在南京中央军校大礼堂举行。8时51分，中国陆军总司令何应钦率第三战区司令长官顾祝同、陆军参谋长萧毅肃、海军总司令陈绍宽、空军第一路司令张廷孟入场受降。日本投降代表是中国派遣军司令冈村宁次、参谋长小林浅三郎、副参谋长今井武夫、参谋小笠原清、舰队司令福田良三、台湾军参谋长谏三春树、三十八军参谋长三泽昌雄。冈村宁次代表"中国派遣军"在投降书上签了字。

在这以后，分驻中国各地的日军按蒋介石指令，分别向各地中国军队指挥官和盟军指挥官投降。包头、绥远由傅作义受降，日军代表根本博中将。平、津、保由美军司令和孙连仲受降，日军代表根本博。山东由李延年受降，日军代表细川中康中将。青岛由美第7舰队司令受降，日军代表为独立混成第5旅团的代表。山西由阎锡山受降，日军代表澄田睐四朗中将。河南由胡宗南、刘峙受降，日军代表鹰森孝中将。徐、海、蚌由李品仙受降，日军代表十川次郎中将。上海由汤恩伯受降，日军代表松井太久郎中将。南京由十川次郎直接向中国政府代表投降。南浔线由薛岳受降，日军代表笠原幸雄中将。汉口由第 10 集团军代表受降，日军代表冈部直三大将。长沙、衡阳由第 4 方面司令官受降，日军代表坂西一良中将。潮汕由第 7 战区前进指挥所主任受降，日军代表富田直亮少将。广州、雷州由张发奎受降，日军代表田中久一中将。香港由英国海军哈考特少将受降，日军代表山津善九郎大佐。总计，中国各地除东北地区由苏军受降外，投降的日军总数为 105 万人。

自清朝晚期以来，中国积贫积弱，屡遭西方列强的欺凌。但中国各届政府领导人，在可能的条件下，力争使中国处于相对有利的地位。第一次世界大战，中国明智地站在协约国一边，终于以战胜国的地位，换得了列强保持中国领土与主权完整的承诺。第二次世界大战，又一跃而为四大国之一，并成功地使中华民族争取自身生存的搏斗，与世界各国反法西斯的斗争结合在一起而赢得彻底的胜利，这与日本四处树敌的愚蠢形成鲜明的对比。可以说，中国人民抗日战争得以胜利的关键在于选择了正确的政略和战略。

　　在抗日战争中，国共两党结为盟友，携手合作，为民族生存、抗战求胜奠定了基础。

　　今天，抗日战争已过去近70年了，我们仍然面临着反对军国主义和地区扩张主义的艰巨任务。日本政府和人民应深切反思中日战争的历史和教训，与中国人民一起，为"日中不再战"而共同努力！

中国正面战场大事记

1937 年　　中华民国二十六年

7 月 7 日　卢沟桥事变爆发，日军攻击宛平城，日本全面侵华战争开始，守卫宛平县城的第 29 军奋起抵抗，抗日战争揭幕。

7 月 17 日　蒋介石发表庐山谈话，宣称准备应战。

7 月 28 日　日军猛攻北平南苑，守军将领第 29 军副军长佟麟阁和第 132 师师长赵登禹先后殉国。同日，第 29 军一部向天津日军发起攻击。

7 月 29 日　北平失陷。日军大举进攻天津市区。

7 月 30 日　天津沦陷。日军侵占大沽口。

8 月 8 日　日军以独立混成第 11 旅团为主力，在第 5、第 20 师团的配合下，大举进犯南口，以汤恩伯为前敌总指挥的第 7 集团军进行了顽强的抵抗后，于 26 日撤出南口。

8 月 13 日　淞沪抗战爆发。日军先后以 10 个师团的兵力，共约 28 万余人，在海、空军的配合下，大举进犯我国经济中心上海。国民政府先后调集中央部队及各省部队约 70 个师，进行抗击。这次战役中国军队毙伤日军 4 万余人，坚守上海达三个月之久。淞沪会战在中国抗日战争中具有重要的历史地位。

8 月 25 日　中共中央宣布红军改名为国民革命军第八路军，红军前敌总指挥部改为第八路军总指挥部，朱德、彭德怀任正副总指挥。八路军下辖第 115 师、第 120 师、第 129 师和八路军总部特务团。9 月 11 日，按国民革命军战斗序列，八路军改称第十八集团军，朱德、彭德怀任正副总司令，但人们仍习惯上仍称其为八路军。

9 月 22 日　国民党中央通讯社发表《中共中央为公布国共合作宣言》。次日，蒋介石发表谈话，承认中国共产党的合法地位。至此，国共两党第二次合作正式形成。

9 月 25 日　日军第 5 师团第 21 旅团一部在平型关一带遭到八路军第 115 师伏击，经过激战，该部日军 1000 余人被全歼，并缴获大批军用物资。26 日，蒋介石致电嘉奖。平型关战斗，为我国开战以来所获得的第一次胜利。

10 月 2 日　中共与国民党协议商定，将红军北上后留在南方 8 省 13 区的红军游击队改编为国民革命军新编第 4 军（简称新四军），任命叶挺、项英为正、副军长。

10 月 3 日　板垣征四郎指挥日军第 5 师团和关东军第 1、第 12 师团共五万余人，由晋北南下，进攻忻口，直趋太原。中国守军在卫立煌指挥下进行了英勇抵抗。是役，中国第 9 军军长郝梦龄殉国。11 月 2 日，中国守军退出忻口。忻口战役，中日双方对峙二十三日，日军伤亡二万余人。

10 月 19 日　八路军 129 师某部突袭阳明堡日军机场，炸毁日军飞机 24 架，毙伤日军 180 余名。

11 月 12 日　上海沦陷。

11 月 20 日　国民政府宣布迁都重庆。

12 月 8 日　日军兵临南京，开始向南京外围阵地攻击，中国军队进行了英勇抵抗。13 日，日军攻占南京，中国守军除少部分突围外，多数部队被困于城内而遭日军屠杀。

12 月 13 日　在华中方面军司令官松井石根和第 6 师团长谷寿夫指挥下，日军在南京城进行了长达 6 个星期的血腥屠杀，纵火烧毁全城三分之一以上的房屋，奸淫妇女 2 万起以上。日军在南京大屠杀的暴行，是人类文明史上最可耻的一页。

1938 年　　中华民国二十七年

1 月 16 日　日本近卫内阁发表第一次声明，声称今后帝国政府"不以国民政府为对手。"

1 月 24 日　第 3 集团军总司令兼山东省主席韩复榘因畏敌抗命，被判处死刑，在武汉执行枪决。

3 月 14 日　日军华北方面军矶谷廉介第 10 师团和坂垣第 5 师团开始从东西两翼会攻台儿庄，中国守军在第五战区司令长官李宗仁的指挥下，同日军在台儿庄附近展开激战。战至 4 月 7 日，中国军队歼敌万余人，缴获步枪万余支，取得台儿庄大捷。

3 月 27 日　"中华民国维新政府"在日军的操纵下在南京成立。

4 月 1 日　中国国民党临时全国代表大会议决通过《抗战救国纲领》。

5 月 19 日　徐州弃守，日军围歼中国军队主力计划落空。

5 月 21 日　第一战区集中精锐部队 14 个师约 15 万人进行豫东会战，准备全歼占据内黄、仪封、民权等地的日军土肥原贤二第 14 师团。24 日，日军第 14 师团占据兰封、罗王寨一线，陇海铁路被切断。蒋介石组建第 1 兵团再兴攻势，最终因商丘的失陷而告失败。

6 月 9 日　商震部奉命在黄河花园口决堤成功。滔滔东流而下的黄河大水一时阻滞了豫东日军的进攻，使日军第 14、第 16 师团陷入困境。但决堤亦使豫、皖、苏 3 省 44 县市、5.4 万平方公里土地成为泽国，1000 多万灾民流离失所。

6 月 12 日　日军攻占安庆，拉开武汉会战的序幕。为攻占武汉，日本华中派遣军以第 11 军、第 2 军共 6 个师团，在长江南北两岸分兵五路西进，合围武汉。国民政府为保卫武汉，组成 4 个兵团，以百万大军与日军周旋。10 月 25 日，汉口失陷，武汉会战结束。武汉会战，大小战斗数百次，历时 4 个多月，日军伤亡 10 万人以上。

7 月 29 日　日军 3 个步兵师团、1 个骑兵联队和 1 个机械化旅团，在中苏朝三国交接处的张鼓峰地区向苏军发动进攻。8 月 6 日，苏军进行反攻，日军损失惨重，被迫同意停战。10 日，日苏两国在莫斯科签订停战协定。

10 月 21 日　广州失守。

11 月 13 日　国民政府为实现焦土抗战，决定在日军逼近长沙时纵火焚毁长沙。13 日，在日军仍未进攻长沙时，长沙警备部队惊惶失措纵火焚城。大火延烧 3 日 3 夜，全城被烧十分之九，烧毁房屋 5 万余栋，2 万余人被烧死。

11 月 25 日　蒋介石在湖南南岳召开军事会议。蒋介石在大会上指出，抗日战争已开始转入"转守为攻、转败为胜的时期"。会议决定重新调整国民政府的各战区，并设桂林、天水行营。

1939 年　　中华民国二十八年

2 月 10 日　日军占领海南岛，旋即占据西沙和南沙群岛，并将西沙和南沙合并为新南群岛，隶属于台湾高雄州高雄市管辖。

3 月 17 日　日军第 101 师团、第 106 师团在冈村宁次指挥下开始会攻南昌，中国守军进行了英勇抵抗。27 日，日军攻占南昌。4 月 21 日，中国军队在前敌总司令罗卓英的指挥下实施反攻，但在日军的反击下，中国军队攻势受挫，5 月 9 日，中国军队奉命回撤，南昌会战结束。

4 月 30 日　日军为解除中国军队对武汉的威胁，集中了第 3、13、16 师团等部分路进犯鄂北的随县和枣阳，中国军队在张自忠和李品仙指挥下，分左右两路进行了抵抗，并于 5 月中旬进行了反击。5 月 28 日，日军被迫撤退，随枣会战结束。

5 月 3 日　日机 45 架狂轰重庆，4 日再度狂轰。市区房屋被烧毁 1200 余栋，市民伤亡 7500 多人。

5 月 11 日　日军和伪满军队出动大批飞机、坦克和大炮向中国和外蒙古交界的诺门坎地区发动进攻。8 月 20 日，苏军和蒙军举行反攻，歼灭和俘虏日满军 6 万多人。9 月 9 日，日方被迫请求停战。9 月 16 日，双方签订停战协定。

9 月 1 日　伪"蒙疆联合自治政府"在日军导演下于张家口成立，德穆楚克栋鲁普为主席。

9 月 4 日　日本大本营令在南京设置中国派遣军总司令部。23 日，下达中国派遣军战斗序列，统辖部队有华北方面军、第 11 军、第 13 军和第 21 军，总计 24 个师团。

9 月 14 日　日军为攻占长沙、打通粤汉路，调集陆、海、空军约 10 万余人，从赣西、鄂南、湘北分六路向长沙发起攻击。中国第九战区出动军队 20 余万，利用有利地形进行逐次抵抗。10 月 7 日，日军因损失惨重，被迫撤回原防，第一次长沙会战结束。此战日军伤亡 3 万余人。

10 月 15 日　日军两万余人大举进犯冀中根据地。至 31 日，各路日军均被冀中军民全部击溃。

10 月 25 日　日军对晋察冀边区开始实现冬季大"扫荡"。至 12 月 8 日，八路军 120 师粉碎了日军的"扫荡"。

10 月 29 日　军事委员会在湖南南岳召开第二次军事会议，检讨长沙会战的得失，研究后期抗战的战略。会议于 11 月 5 日结束。

11 月 15 日　日军为截断滇越铁路，封锁中国西南国际交通线，调集重兵，大举进攻南宁。24 日，日军攻占南宁。12 月攻占重要军事要地昆仑关。随后，中国军队进行了反攻，经过两个多月的桂南会战，日军于 1940 年 2 月 9 日被迫撤退。

1940 年　　中华民国二十九年

3 月 30 日　汪精卫在南京正式成立伪中华民国国民政府，汪精卫出任国民政府代主席兼行政院长，并发表《国民政府政纲》和《还都宣言》，宣称伪中华民国国民政府为"中国中央政府"。汪伪国民政府成立后，原中华民国临时政府、中华民国维新政府宣布解散。

5 月 1 日　日军为进逼四川，围歼第五战区中国军队主力，以 4

个师团分路向湖北襄阳、枣阳和宜昌等地进犯。第五战区以5个集团军约40万兵力，利用有利地形进行了顽强的抵抗，其后主力转移外线，向日军频频发动反攻。6月下旬，枣宜战役结束。此战日军虽占领宜昌，但围歼中国主力的目的未能达到。

5月16日　第33集团军总司令张自忠在枣阳一带作战殉国。张自忠，字荩忱，1891年生，山东临清人。原西北军著名将领，抗战期间曾参加台儿庄战役、武汉会战等重大战役，屡立奇功。

本月　日本关东军细菌部队在石井四郎中将率领下，将伤寒菌、霍乱菌和鼠疫菌跳蚤散布在宁波地区，造成瘟疫流行。

8月20日　为击破日军对抗日根据地的"囚笼政策"，配合正面战场的作战，八路军晋察冀军区、第120师、129师等105个团，开始向以正太路为中心的华北日军交通线实行总破袭，史称百团大战。百团大战历时3月之久，进行大小战斗1824次，毙伤俘和投诚日伪军4.64万余人，攻克日伪军据点2993个，破坏铁路470余公里，公路1500公里，车站、桥梁、隧道等建筑物260余处。八路军伤亡1.7万余人。

1941年　　中华民国三十年

1月6日　新四军主力部队9000余人奉令向江北转移，当部队行至皖南泾县茂林地区时，遭到国民党军队的包围和伏击。新四军经过七昼夜的英勇奋战，终因众寡悬殊，弹尽粮绝，除1000余人分散突围外，大部壮烈牺牲和被俘。军长叶挺被扣，副军长项英遇害。17日，蒋介石以军事委员会名义，宣布新四军为"叛军"，取消其番号，并将军长叶挺"革职"，交"军法审判"。

1月20日　中共中央革命军事委员会发布重建新四军军部的命令，任命陈毅为新四军代理军长，张云逸为副军长，刘少奇为政治委员。

1月25日　日军集中5个师团，分左、中、右三路包围攻击河南中国军队阵地，试图围歼中国守军主力。中国军队以少数兵力在正面节节抵抗，诱其深入，而以主力在敌各进攻路线两翼作主动的侧击；另以一部埋伏其后，专事切断其交通。2月7日，各路日军均陷入中国军队的包围之中。10日，日军被迫退回信阳，双方恢复战前态势，豫南会战结束。

3月14日　日军第11军为打击第九战区薛岳部赣西方面主力，兵分三路向上高地区发动进攻。中国军队凭借有利地形进行节节抵抗，并从两翼包抄突进之日军。24日，日军开始陷入中国军队的层层包围，不得不分股突围。4月2日，上高会战结束。是役，日军伤亡官兵15000余人。

5月7日　中条山会战开始。日军调集6个师团10余万兵力，在空军的支援下，从东、北、西三方面向晋南中条山进犯。第一、第二战区所部7个军16个师进行顽强抵抗。5月中旬，中国军队以一部继续留在中条山阻敌，主力突围转向日军背后进行攻击。27日，日军围歼中国军队主力的计划失败，会战结束。

5月22日　汪伪"清乡委员会"在南京成立，汪精卫兼任委员长。该委员会成立后对华中敌后根据地进行了大规模的"清乡"运动。

6月5日　日机20余架三批轰炸重庆，较场口隧道防空洞发生窒息惨案，死伤千余人。

8月1日　由美国志愿空军飞行员组成的飞虎队正式成立，陈纳德任总指挥。

9月17日　日军4个师团及海空军约12万人，在第11军总司令阿南惟畿指挥下，发动第二次长沙会战，企图消灭中国第九战区中国军队主力，从而打通粤汉路。第九战区为此集结10个军约27万兵力，准备在长沙附近同日军决战。28日，日军攻占长沙。但由于日军后继力量不足，加上中国第五、六战区对武汉以西的宜昌等地发动进攻，日军后方空虚。10月1日，日军被迫退出长沙。10月9日，双方又重新回到战前态势。

10月16日　第三次南岳军事会议召开，会议主要内容是检讨第二次长沙会战的得失。会议于21日结束。

12月7日　日本偷袭美国海军基地珍珠港，太平洋战争爆发。

12月9日　国民政府正式对日宣战，并宣告与德、意两国亦处于战争状态。

12月18日　日军第38师团开始进攻香港，25日，英国正式宣布放弃香港，香港总督杨慕琦向日军投降。

12月25日　为了策应南方作战，牵制第九战区部队南下增援广九方面，日军第11军以3个师团和1个旅团约七八万人，第三次向长沙发动进攻。中国军队以1个军坚守长沙，以9个军在外围布置阵地，准备在长沙围歼日军。1943年1月3日，日军进至长沙城郊，中国军队当即发起反击。1月15日，日军在付出惨重代价后突围撤回原防，第三次长沙会战结束。是役，日军伤亡5.69余万人。

1942年　　中华民国三十一年

1月3日　同盟国宣布推蒋介石担任盟军中国战区（包括泰、

越及将来可能为盟军控制区域）的最高统帅。5 日，蒋介石正式就任中国战区总司令。3 月 4 日，美军中将史迪威到达重庆就任中国战区美军司令兼中国战区参谋长。

1 月 14 日　中国第 5 军奉令入缅支援英缅军作战。19 日，中国第 6、第 66 军亦奉命入缅参战。3 月 12 日，蒋介石下令组建中国远征军第一路司令长官部，卫立煌任第一路司令长官。中国远征军统由中国战区参谋长史迪威负责指挥。在缅甸期间，中国远征军先后在同古、仁安羌、腊戍等地同日军作战，后因众寡悬殊，于 4 月底被迫退却，一部撤往印度，1942 年 6 月组建中国驻印军；一部撤往滇西，1943 年 2 月 1 日，蒋介石重组中国远征军司令部，任命陈诚为中国远征军司令长官，接受美式训练与装备。1944 年 5 月入缅作战。1945 年 1 月，中国远征军与中国驻印军在芒友会师，并于 3 月打通滇缅路。其后不久，远征军奉命回国。

5 月 1 日　日军调集 5 万大军及大量飞机、坦克，在冈村宁次的指挥下，分三阶段对冀中抗日根据地发动大规模的扫荡战。冀中根据地人民进行了英勇顽强的反扫荡斗争。6 月底，日军的扫荡被粉碎。是役，日伪军伤亡 1.1 万余人，我方亦伤亡 2 万余人，被捕杀的群众达 5 万余人。

5 月 15 日　日军以 7 个师团约 15 万人，对中国第三战区实施东西夹击，试图占据浙江各机场和打通浙赣路。中国以第三、第九战区约 41 个师 30 万兵力同日军进行决战，史称浙赣会战。战至 8 月下旬，日军开始撤退，中国军队乘机反攻，24 日，双方恢复战前态势。但此役浙赣线曾为日军打通，且浙赣两省机场多遭日军破坏。

5 月 26 日　中国远征军第 200 师长戴安澜在缅境郎科地区突围

重伤牺牲。

6月2日　第十八集团军副总参谋长左权在山西辽县率领部队突破日军重围时，不幸以身殉国。

6月29日　蒋介石命令撤销中国远征军第一路长官部，以撤往印度的中国远征军为基干，组建中国驻印军，任命史迪威为总指挥。中国驻印军组建后，集结在印度的兰姆珈训练营接受美式训练。至1944年1月，受训中国官兵达3万余人，其后扩编为新1军和新6军。1945年3月，中国驻印军和英军合作，重新打通了从腊戍至昆明的滇缅公路。其后不久，中国驻印军奉命回国。

9月17日　日军发动"冀东1号终期作战"，出动日伪军5万余人，对冀东根据地进行毁灭性的"扫荡"和"清剿"。11月15日，日军"扫荡"结束，并在冀东一带制造成一条长达700里、宽80里的带状"无人区"。

本月　日本华北方面军总司令冈村宁次亲率数万日伪军对鲁西抗日根据地实施"铁壁合围"式"扫荡"。

1943年　　中华民国三十二年

1月9日　南京汪伪政府宣布对英美宣战，并同日本政府联合发表《日华共同宣言》。同一天，日汪缔结《归还租界及撤废治外法权协定书》，日本声明交还在华专管租界、公共租界，并撤销在华治外法权。

3月10日　美驻华空军（原飞虎队）改编为第十四航空队，陈纳德任总指挥。

10月1日　日本华北方面军第1军集中日伪军计2万余人，对太岳地区实行"扫荡"。至 11 月 22 日，日伪军死伤 3500 余人，被迫撤回。

11 月 2 日　日军为了摧毁中国第六战区主力，牵制中国军队以策应南洋方面的作战，调集 5 个师团向湘北重镇常德进犯。24 日，各路日军包围常德，双方展开激烈的拉锯战。守卫常德的第 74 军 57 师英勇奋战，激战 15 昼夜，全师 8529 人仅有 321 人突围，其余均壮烈牺牲。

11 月 22 日　罗斯福、蒋介石、丘吉尔在埃及首都开罗举行中美英三国首脑会议，讨论对日作战及战后对日处置等问题。会议于 26 日结束。

12 月 1 日　《开罗宣言》发表，宣言重申"三大盟国此次进行战争之目的，在于制止及惩罚日本之侵略"，"三国之宗旨，在剥夺日本自从 1914 年第一次世界大战开始后在太平洋上所夺得或占领之一切岛屿。在使日本所窃取于中国之领土，例如东北四省、台湾、澎湖列岛等，归还中国。"

12 月 4 日　第六战区主力部队开始反攻，日军全线退却。12 月底，双方又恢复战前态势。

1944 年　　中华民国三十三年

2 月 10 日　蒋介石在湖南衡山召开第四次南岳军事会议，对常德会战进行检讨，并对今后阶段的对日作战的策略进行了研究。会议于 14 日结束。

4 月 18 日　日本中国派遣军为打通平汉、粤汉铁路，建立一条纵贯中国大陆到印度支那的交通线，发动了代号为"1 号作战计划"

的豫湘桂战役。战役分三个阶段，第一阶段为豫中会战，至 5 月 25
日，日军相继攻占许昌、洛阳，打通了平汉线；第二阶段为长衡会
战，日军于 6 月 19 日攻占长沙、8 月 8 日攻占衡阳；第三阶段为桂
柳会战，10 月 10 日，日军攻占桂林、柳州，11 月 24 日，南宁亦为
日军占领，至此，日军完成了打通平汉线和粤汉线的目的。在这次
战役中，中国军队节节败退，损失兵力约 60 万，丢失河南、湖南、
广东、广西等省的大部分根据地，这一地区的空军基地和飞机场亦
均为日军占领。

5 月 11 日　滇西中国远征军发起反攻怒江作战。次日，各部均
渡过怒江。

8 月 5 日　中国驻印军和美军一部攻占缅北军事重镇密支那。

9 月 14 日　中国远征军经数月苦战，终于攻克滇西军事要塞
腾冲。

10 月 22 日　蒋介石发表《告知识青年从军书》，发动知识青年
从军运动。国民政府决定招募 10 万知识青年从军，编成青年远征
军。1945 年 1 月 1 日，编成青年远征军 7 个师。4 月 1 日，又编成 2
个师。

10 月 29 日　蒋介石以中国战区盟军最高统帅名义，任命魏德迈
任为中国战区统帅部参谋长，索尔登为中国驻印军指挥部总指挥。

11 月 3 日　中国远征军经过血战，终于攻克滇西重镇龙陵。

11 月 10 日　汪精卫在日本名古屋帝国医院病死。12 日，汪伪
中央政治委员会召开紧急会议，推选陈公博为伪行政院院长、代理
伪国民政府主席兼军事委员会委员长等职。

12 月 25 日　中国陆军总司令部在昆明成立，何应钦任总司令。

1945 年　　中华民国三十四年

1 月 20 日　中国远征军克复畹町。27 日，中国驻印军攻克日军最后一个据点芒友。中国远征军与中国驻印军胜利会师，自此中印公路全线重新畅通。28 日，蒋介石宣布重新开通的中印公路命名为"史迪威公路"。

3 月 8 日　中国驻印军克服缅北重镇腊戌。

3 月 21 日　日军动用 6 个师团 7 万多兵力，进攻豫西老河口中国空军基地。5 月 31 日，日军虽然占领了老河口空军基地，但遭到中国军队的有力打击，是役日军死伤 1.5 余人。

4 月 9 日　日军为侵占芷江中国空军基地，掩护湘桂、粤汉两铁路的交通，以第 20 军主力约 8 万兵力，向湘西地区发动进攻。战至 5 月 12 日，日军伤亡惨重，死伤 5 万余人。被迫全线撤退。

5 月 8 日　德国宣布无条件投降，欧洲战场至此结束。

6 月 10 日　日本中国派遣军在南京召开军事会议，确定新的作战计划，决定以主力控制在华中、华北重要地区，以策应本土作战。

7 月 26 日　中美英三国首脑签署的《波茨坦公告》在柏林发表。公告促令"日本政府应立即宣布所有日本武装部队无条件投降"，并重申开罗宣言的条款必须实施。

8 月 6 日　美国向日本广岛投下第一枚原子弹。9 日，美国又在日本长崎投下第二枚原子弹。

8 月 8 日　苏联对日本宣战。

8 月 10 日　日本政府托瑞士和瑞典政府转告中美英苏四国，同意无条件投降。15 日，中美英苏正式宣布日本无条件投降。

8月21日　日本中国派遣军总司令冈村宁次派遣今井武夫飞抵芷江接洽投降事宜。

8月29日　中国陆军总部奉蒋介石令：原属中国方面受降的香港及九龙两地之日军投降改由英国接收，并授权英国海军少将哈考脱全权受降，另派罗卓英中将为中国代表、威廉逊上校为美国代表参加香港受降。

9月2日　日本向盟军投降签字仪式在东京湾美国主力舰"密苏里"号上举行。

9月9日　中国战区日军投降签字仪式在南京举行。

主要参考书目

一、档案与文献资料

1. 国民政府军事委员会档案，中国第二历史档案馆藏。

2. 国民政府军令部战史会档案，中国第二历史档案馆藏。

3. 辽宁省档案馆：《九一八事变档案史料选编》，辽宁人民出版社 1991 年。

4. 秦孝仪主编：《中华民国重要史料初编——对日抗战时期》第 1—6 编，中国国民党党史委员会 1981 年。

5. 中国第二历史档案馆编：《抗日战争正面战场》，江苏古籍出版社 1987 年。

二、学术专著

1. 《八一三淞沪抗战》，中国文史出版社 1987 年。

2. 何应钦著：《日军侵华八年抗战史》，台湾黎明文化事业有限公司 1982 年。

3. 蒋纬国主编：《国民革命战史第三部——抗日御侮》，台湾黎明文化事业有限公司 1979 年。

4. 李云汉著：《卢沟桥事变》，台湾东大图书公司 1987 年。

5. 梁敬錞著：《日本侵略华北史略》，台湾传记文学出版社 1984 年。

6. 日本防卫厅防卫研究所战史室编：《中国事变陆军作战史》，中华书局 1979 年。

7. 吴相湘著：《第二次中日战争史》，台湾综合月刊社 1973 年。

8. 《武汉会战》，中国文史出版社 1989 年。

9. 张宪文主编：《抗日战争的正面战场》，河南人民出版社 1987 年。

10. 张宪文主编：《中国抗日战争史》，南京大学出版社 2001 年。

11. 《中日战争史略》，台湾中正书局 1968 年。